现场

细读《史记》

高盛元 著

译林出版社

图书在版编目（CIP）数据

现场 : 细读《史记》 / 高盛元著. -- 南京 : 译林出版社, 2025. 8.（2025. 10重印） -- ISBN 978-7-5753-0714-7

Ⅰ. K204.2

中国国家版本馆CIP数据核字第2025Z8Y381号

现场：细读《史记》 高盛元／著

责任编辑 李 蕊
装帧设计 吴 悠
插 画 何 露
校 对 吴 峰
责任印制 闻媛媛

出版发行 译林出版社
地 址 南京市湖南路 1 号 A 楼
邮 箱 yilin@yilin.com
网 址 www.yilin.com
市场热线 025-86633278
排 版 南京展望文化发展有限公司
印 刷 苏州市越洋印刷有限公司
开 本 880 毫米 × 1240 毫米 1/32
印 张 10.625
插 页 2
版 次 2025 年 8 月第 1 版
印 次 2025 年 10 月第 2 次印刷
书 号 ISBN 978-7-5753-0714-7
定 价 49.00 元

回到现场

1

说来惭愧，这是我写的第三本书了。

虽然关于我的介绍上经常写着“作家”两个字，但我这个人比较有自知之明，知道自己并不算是什么作家，只是一个解读者。

我这个人比较慷慨，遇到好东西从来不藏着掖着，总是希望和大家分享。我平时的主要工作，就是把古代的一些好东西展示给读者，告诉大家到底哪里比较好。

这一次，我解读的是《史记》。

估计再过几年，我写的书可能就没什么人读了。毕竟时间很残酷，它淘来淘去，就把一些东西给淘没了。（说是这么说，心里还是希望自己写的东西保质期长一点。）但《史记》不会被历史淘汰。再过十年、二十年，《史记》仍然会有读者。它足够结实，时间再增加一点儿压力，它也还是扛得住。

2

读一本书，我们总得知道一点儿关于作者的事。我一直比较好奇的是，作者为什么要写一本书？他的动力是什么？

对司马迁来说，完成这本书的动力，首先来自于父亲。

司马迁在《太史公自序》里记录下了他父亲司马谈临终前对他说的话：

> “今天子接千岁之统，封泰山，而余不得从行，是命也夫，命也夫！余死，汝必为太史；为太史，无忘吾所欲论著矣。且夫孝始于事亲，中于事君，终于立身。扬名于后世，以显父母，此孝之大者。”

当时汉武帝要去泰山举行封禅大典，对担任太史令的司马谈来说，这次典礼是一定要亲自参加的。但是很遗憾，他不在这次封禅活动的随行名单里。他对儿子说：“这都是命啊。”

司马谈病得厉害了，他知道自己很快就要离开这个世界。去世以前，他把最重要的话留给了司马迁。司马谈说，作为太史，自己有责任记录下过去和现在，但是留给他的时间不多了。司马谈告诉司马迁，自己死后，司马迁一定会接续自己成为太史。他希望司马迁把自己没有完成的那部史书写下去。除了这部书，其他的事，都不重要。

> 迁俯首流涕曰："小子不敏，请悉论先人所次旧闻，弗敢阙。"

司马迁哭了。他答应父亲会用尽全力把这部史书写好。

多年以后，李广的孙子李陵在和匈奴的对战中失败了。汉武帝知道李陵战败的消息之后，心情很差。当他问司马迁怎么看的时候，司马迁选择了为李陵辩护。司马迁觉得敌我双方差距过于悬殊，李陵已经拼尽全力迎敌了。李陵的功，足以抵过。结果，武帝大怒。

司马迁最终被判处"诬罔"之罪。这是死罪。他有几个不同的选择：他可以选择花钱给自己买一条命，但是他没有那么多钱；他可以选择死，死了就一了百了；还有，就是腐刑。司马迁选择了腐刑。

我相信司马迁在做出选择之前，他心里会回荡起司马谈的声音。

"把这部书写下去。"

3

当然，除了继承父亲的遗志，司马迁写这部书还有一个重要原因：完成自我。

司马迁有一封很著名的信，写给任安的，《报任安书》。在这封信里，司马迁把自己受到的委屈一口气全说出来了。那时候任安获罪被关在监狱里，司马迁知道这位朋友大概难逃一死，于是他给任安写了一封回信。他不希望朋友带着对自己的误解离开人世，他要把藏在心里的话全说出来。

人固有一死，死有重于泰山，或轻于鸿毛，用之所趋异也。

司马迁说，世人都会走向死亡，但每个人生命的重量是不同的。

所以隐忍苟活，函粪土之中而不辞者，恨私心有所不尽，鄙没世而文采不表于后也。

司马迁说，我之所以这么屈辱地活着，是因为我还有没完成的事。我就这么轻轻地死了，烟消云散，没人会记得我曾经来过这个世界。

亦欲以究天人之际，通古今之变，成一家之言。

司马迁说，我写这部书，就是要把我对这个世界的看法留下来。我写的是天地，我写的是古今，我写的是我的全部。

仆诚以著此书，藏之名山，传之其人，通邑大都，则仆偿前辱之责，虽万被戮，岂有悔哉！

司马迁说，这部书写完了，我没有遗憾了。我不后悔。之前不管遭受过什么，我都不后悔。我把这部书完成了。我把自己完成了。我值了。

4

我一直很喜欢《史记》。我是把《史记》当小说读的，它里面的故事很精彩。

我最早接触《史记》是读高中的时候。那时候我们有一本教材，叫作《〈史记〉选读》，绿皮的——也有可能是黄皮的，不太厚。

我们语文老师花了很长时间去讲那本书，我在书上记了密密麻麻的笔记。这本书现在已经不见了，可能被当作废品卖了。

但我对里面的故事印象很深。那是我第一次读到荆轲，读到魏无忌。

我还记得，当我们老师讲到朱亥拿了一个四十斤的大铁锤的时候，全班同学发出了惊呼声。司马迁真是一个厉害的作者，他让一群躁动不安的高中生愿意坐下来读他写的文章。

作为一部史书，《史记》的可读性是非常强的。为什么司马迁写的东西好看？我琢磨了一下，觉得主要还是细节。司马迁是一个喜欢写细节的人。很多时候，细节一出来，画面感就有了，感觉一下子回到了历史的现场。

比方说在《项羽本纪》里，司马迁最后写垓下之战，写到项羽穷途末路，自己在军帐里慷慨悲歌。司马迁是这么写的：

> 歌数阕，美人和之。项王泣数行下，左右皆泣，莫能仰视。

项羽哭了。这就是一个很好的细节。一个力拔山兮气盖世的人，哭了。人物的层次一下子丰富起来了。而且周围的人也哭了。就这么一行字，悲剧的气氛就全出来了。

再比方说《廉颇蔺相如列传》，蔺相如拿着和氏璧去秦国，发现秦王没有拿城换璧的意思。于是蔺相如说这个和氏璧有瑕疵，把璧骗到了手里。司马迁写道：

> 王授璧，相如因持璧却立，倚柱，怒发上冲冠……

怒发冲冠，这也是一个细节，极其生动。

司马迁是拿着显微镜在观察人、观察历史，每一个人脸上的汗毛他都看得清清楚楚。司马迁靠着这些细节，重新复活了那些历史中的人物。

5

《史记》既是一部历史著作，也是一部文学著作。对很多写作者来说，《史记》就是文章的标杆，他们从《史记》这里获取了不少营养。古人就不用多说了，举两个当代作家的例子吧：一个是汪曾祺，一个是阿城。

汪曾祺小的时候曾经跟一位叫张仲陶的先生读过《史记》。

> 我从张先生读《项羽本纪》，似在我小学毕业那年的暑假，算起来大概是虚岁十二岁即实足年龄十岁半的时候。(《一辈古人》)

这个张先生是怎么教的呢？

> 他教我的时候，我的面前放一本《史记》，他面前也有一本，但他并不怎么看，只是微闭着眼睛，朗朗地背诵一段，给我讲一段。(《一辈古人》)

这个场景很令人向往。过去的文人，不是“读”书，而是

“背”书。背和读的效果完全不一样。书背进肚子里去，时间一长，那些文字就成了自己的。汪曾祺说他只跟张先生学了一篇《项羽本纪》，但我觉得读透一篇，也就够了。

写《棋王》的阿城也说自己受过《史记》的影响。

> 中国小说的传统之始，或者说中国小说的最初典范，我认为是《史记》。当然《史记》之前也有类似的，例如《国语》，但集大成，结构完整，并影响后世的是《史记》。我受《史记》的影响很深，深到不自觉。(《小说选日文版自序》)

汪曾祺和阿城，都是我喜欢的当代作家。他们俩在写作上有一个共同点，就是语言好。当代作家，语言好的不多。汪曾祺和阿城的语言，流畅，有节奏感，像揉过很多次的面，筋道。我以为，这是受了古文的影响，尤其是《史记》的影响。

6

2024年的春天，“哔哩哔哩课堂”邀请我讲一门解读《史记》的课，我把《史记》又认真地读了一遍。虽然里面的情节我都很熟悉了，但是重读仍然会被司马迁打动。

我很难说司马迁是一个客观的历史记录者，我总觉得他写着写着就激动了。他控制不了自己的情感。但也正是因为他的激动，他笔下的文字有了温度。

过了这么多年，那些文字还热着。

讲这门课，我没有弄很多花里胡哨的东西，我就是带着大家读原文。我觉得没有什么比读原文更好的理解《史记》的方式了。

我念一段原文，再做一些分析。很多朋友留言，说原来文言文也没有那么难读。还有朋友说，以前很多细节都忽略了，第一次发现司马迁写得这么好。

课程上线以后，译林出版社希望我把课程内容改编成书，于是就有了现在这本《现场：细读〈史记〉》。

我想说说这个书名。我理解的“现场”，有两个意思。我觉得司马迁写《史记》，实际上是把我们带回了历史发生的现场。司马迁的文字很奇妙，几个字组接在一起，一个生动的历史场景就复现了。他写魏无忌毕恭毕敬地驾着车去请侯嬴，写荆轲在易水边慷慨悲歌，写鸿门宴上刀光剑影……司马迁用文字把我们拽进了时空隧道，回到了历史发生的时刻。

“现场”还有一层意思，就是回到司马迁写作的现场。讲《史记》，我更多是从文学角度来讲的。我希望通过拆解文字的秘密，带着读者绕到司马迁的背后，看看伟大的作品是如何生成的。

当然，在解读的过程中，我参考了大量前人的评点。这其中，清代的吴见思、姚苧田、王又朴、李晚芳、牛运震、李景星等人的观点对我帮助尤多。考虑到这本书是一本导读性质的读物，面向的是普通读者，我就没有在正文里大段大段地引用那些用文言文写成的评点文字，而是把它们融汇在了用白话写成的解读文字里。我希望尽量把这本书写得好读一点儿，毕竟我自己也不怎么喜欢读写得晦涩难懂的书。

坦白讲，这本《现场：细读〈史记〉》并不是多么深入的书，我希望它是大家阅读《史记》的一个起点。如果读者看完这本书，觉得《史记》挺有意思，并且愿意进一步阅读整部《史记》，那我觉得自己就没白忙活。

目录

生命的重量：

《廉颇蔺相如列传》

一

人，经不起时间。时间一吹，人就被风化成空壳了。再一吹，就成了一地灰烬。绝大部分人都经不起时间。“大江东去，浪淘尽，千古风流人物。”司马迁厉害。厉害在他用文字为一些人造像，结果，扛住了时间。风吹，日晒，雨淋，历史的车轮碾过去，纹丝不动。厉害。

司马迁写人，外貌、神态这些都在其次。高矮胖瘦，什么鼻子什么眼，重要吗？也重要，但不是最重要。司马迁关注的是，人里边是什么。他写人的选择，写人的一次又一次选择，写一次又一次选择最终使他们成为他们。他把人放在危机和冲突里，写他们的左摇右摆，写他们的横冲直撞，写犹豫，写隐忍，写煎熬，写英雄落泪，写普通人的低吼如天边惊雷。司马迁也写命运。每一个选择，似乎都是命运。命运在历史深处，露出神秘的微笑。司马迁在文字里草蛇灰线，把这微笑写得若隐若现。

读《史记》，就是把司马迁的文字放在显微镜下边，仔细看。

我们第一个要看的人，叫蔺相如。他出现在《廉颇蔺相如列传》里。这其实是一篇合传，写了廉颇、蔺相如、赵奢、李牧，当然了，还有赵奢的儿子赵括，就是那个纸上谈兵的赵括。赵括是作为反面教材出现的。司马迁重点写的是前四个。他的用意很简单。他告诉你，这四个人，就是赵国的柱子。一个国家多几根这样的柱子，就塌不了。

蔺相如、赵奢的结局都还行，算善终。廉颇和李牧就不太行。主要是怪小人。小人当道，英雄的结局就会悲凉。很多年后，辛弃疾看看自己，不免和廉颇对照。他长叹一声："廉颇老矣，尚能饭否。"

这里头写得最出彩的，是蔺相如。《史记》里关于蔺相如的记载是独一份的，别的史料里都看不见。司马迁如果在今天当记者，一定很出色，手里牢牢攥着独家消息。至于这里头有没有虚构的成分，不好说。毕竟，有些细节写得过于传奇了。

二

> 廉颇者，赵之良将也。赵惠文王十六年，廉颇为赵将伐齐，大破之，取阳晋，拜为上卿，以勇气闻于诸侯。

一上来，先写廉颇。他是"良将"，有战功，为赵国去打齐国，“大破之”；他地位高，是“上卿”；他名声大，其他诸侯没有不知道的。司马迁使劲往高了写，一层一层垒上去，写得烈火烹油、鲜花着锦的。等到了蔺相如，一下跌下来。冷了。冰凉冰凉的。

> 蔺相如者，赵人也，为赵宦者令缪贤舍人。

宦者，就是太监。宦者令，就是太监的头儿。至于舍人，就是门客，在主人家里出出主意，混口饭吃。拿缪贤和廉颇比，都没法比，何况是他家里的一个门客。后来廉颇说，“且相如素贱人”，意思是蔺相如从根儿上起，就不是个什么有身份的人，自己打心眼里看不上。两个人，一贵，一贱，一高，一低，一个在天上，一个在尘埃里。

> 赵惠文王时，得楚和氏璧。秦昭王闻之，使人遗赵王书，愿以十五城请易璧。

危机来了。有危机，人物才会有行动。人物一行动，内在的世界就会呈现出来。不然，每个人都是平静的湖水。砸下一块石头，才能溅起水花。秦昭王拿十五座城换一块和氏璧，看起来挺划算，但仔细一想就知道，这很有可能是个骗局。于是赵王把大臣们召集到一块，商量对策。

赵王与大将军廉颇诸大臣谋：欲予秦，秦城恐不可得，徒见欺；欲勿予，即患秦兵之来。

把“大将军廉颇”放在“诸大臣”前头，是为了凸显廉颇的地位和重要性。现在是一个两难局面：把和氏璧给秦国，秦国有可能欺负咱，说话不算数，最终城也没有，璧也丢了；要是不给，就相当于给了秦国一个出兵的借口，让秦国的军队打到家门口。虽然赵国也不弱，但秦国毕竟是目前最强的。谁没事老想打仗？能不打就不打。于是大家你一嘴我一嘴地讨论。讨论到最后也没个结果。写大臣们没办法，是为了凸显蔺相如。写廉颇和大臣们一样没办法，是为后边廉颇和蔺相如的矛盾埋个伏笔——要说廉颇对蔺相如的不满，不是后来才有的，打蔺相如出场，廉颇心里就开始不满了。

计未定，求人可使报秦者，未得。宦者令缪贤曰：“臣舍人蔺相如可使。”

想找个人去出使秦国，找半天也找不出来。完蛋。危机进一步升级，把大家都逼到墙根了。这时候缪贤说话了，说蔺相如行，让他去。

王问：“何以知之？”

用人总得先了解了解啊。赵王问得合情合理。这也是司马迁惯用的手法。写人，突出几件大事。但在写大事之前，往往先写一件小事，当作引子，从小事里先把这个人的性格表现表现。后世说书人，说正文前，先讲一个和正文有关的小故事，吸引听众。《红楼梦》写贾府之前，先写甄士隐。写一段小荣枯，是为了写后面的大荣枯。都是类似的手法。

对曰："臣尝有罪，窃计欲亡走燕，臣舍人相如止臣，曰：'君何以知燕王？'臣语曰：'臣尝从大王与燕王会境上，燕王私握臣手，曰"愿结友"。以此知之，故欲往。'"

缪贤这个人比较天真，犯了罪，想跑，想直接跑到燕国去。去燕国的理由很简单，就因为当初自己跟着赵王和燕王会面，燕王私底下和他握了握手，说想交个朋友，于是以为人家燕王真想和自己交朋友。但蔺相如没这么天真。

"相如谓臣曰：'夫赵强而燕弱，而君幸于赵王，故燕王欲结于君。今君乃亡赵走燕，燕畏赵，其势必不敢留君，而束君归赵矣。君不如肉袒伏斧质请罪，则幸得脱矣。'"

人和人交往，有时候看重的，往往是这个人背后的价值。蔺相如对这一点看得很清楚。燕王想和缪贤交朋友，实际上是想通过缪贤这条线，和赵王搞好关系，本质上，是想搞好燕国和赵国这两个国家的关系。缪贤有价值，是因为他和赵王关系好，是赵王跟前的红人。问题是，现在缪贤得罪赵王了。那对不起，你不仅没有价值，还是一颗定时炸弹。燕王要是收留了他，等于和赵王撕破脸了。所以燕王怎么可能做这么愚蠢的事呢？

于是蔺相如劝缪贤，老老实实，哪也别去，认个错就完了。

缪贤讲这件事，是要凸显蔺相如的智慧。蔺相如对人性有着很深刻的洞察。通过这件事，缪贤觉得蔺相如这人不简单。就像下棋，普通人走一步看一步，缪贤就是这样；但蔺相如不是，他能看三步乃至更远。他能绕到现象后面，去看那个本质。他能从复杂的事物下边理出一条清晰的脉络。

缪贤讲这件事，是很有说服力的。为什么？因为说出这件事本身，对缪贤是一点好处都没有的。告诉赵王自己曾经想跑，还想往燕国跑，只会有损于自己的形象，甚至还可能有生命危险。但冒着生命危险也要讲这件事、推荐这个人，足以证明，这个人有本事。

> “臣从其计，大王亦幸赦臣。臣窃以为其人勇士，有智谋，宜可使。”

缪贤讲的话里，有两个关键词——“勇士”“智谋”。智和勇，这是属于蔺相如的关键词。司马迁前前后后反复渲染的，也就是这两个特点。

> 于是王召见，问蔺相如曰："秦王以十五城请易寡人之璧，可予不？"相如曰："秦强而赵弱，不可不许。"

蔺相如正式出场。一句话，气势就出来了——"不可不许。"——斩钉截铁，不是商量，不是试探，不是建议，是一锤定音。这后边是对两国实力的把握：秦强赵弱。国弱，就没有你不答应的理由。

> 王曰："取吾璧，不予我城，奈何？"相如曰："秦以城求璧而赵不许，曲在赵。赵予璧而秦不予赵城，曲在秦。均之二策，宁许以负秦曲。"

赵王急了，要是和氏璧送去，城没给我们，咋办？但蔺相如关注的点，不是秦王给不给城，而是秦王有没有攻打赵国的理由。尽管战国时代已经和春秋时不一样了，各个国家都在提高实力，打来打去，但是发动战争，也是需要理由的，至少需要一个明面上的理由。你如果无缘无故去打人家，其他国家就有理由联合起来打你。蔺相如在乎的，就是秦国会不会打来。你不给秦国和氏璧，秦国就有了攻打你的借口。但是，如果你把璧送去了，他却没有给城，理亏的就是他们。理不理亏看起来只是道义上的问题，但这背后是能不能发动战争的问题。他们理亏，不仅没法来打我们，反而给了我们出兵的理由。

王曰："谁可使者？"相如曰："王必无人，臣愿奉璧往使。城入赵而璧留秦；城不入，臣请完璧归赵。"赵王于是遂遣相如奉璧西入秦。

蔺相如做了两手准备。第一，最好的情况，秦王守信用，拿了和氏璧，给了赵国十五座城，皆大欢喜。但蔺相如不是傻子，他知道这种可能性极低，几乎为零。第二，秦王把璧留下了，但没给城。蔺相如知道，他需要给赵国上下一个交代。如果去了只是白白受骗，赵王可以派任何一个人去。但既然派了他蔺相如，他就得把璧拿回来，他不能让赵国受欺负。"完璧归赵"，这四个字很重。他其实已经做好了付出生命的准备。可能别人这时候还看不出什么，但蔺相如这一走，其实走得很悲壮。这种悲壮只有他自己知道。这一走，不亚于荆轲在易水边的一别。

三

秦王坐章台见相如，相如奉璧奏秦王。秦王大喜，传以示美人及左右，左右皆呼万岁。

秦王看见璧，高兴得不得了。这个高兴有两层。第一层是为和氏璧本身。东西确实是好东西，秦王自己看完了，又传给身边的美人和下边的人看。“左右皆呼万岁”，司马迁一句话，把整个场面的热闹、大家的兴奋、秦王的骄纵、群臣的迎合全写出来了。但秦王更高兴的，是赵国肯听话。自己一句话，人家就乖乖把和氏璧送来了。秦王心里舒服极了，他感受到秦国的实力确实够强大。他尝到了权力的滋味，权力带来的快乐要远超过得到和氏璧本身的快乐。这一切被蔺相如看在眼里。

相如视秦王无意偿赵城，乃前曰：“璧有瑕，请指示王。”

全场所有人都很兴奋，只有蔺相如一个人冷眼旁观。他知道，秦王压根儿就没想给赵国十五座城。当然了，这是提前料到的事，现场的情况只不过确证了这一点。于是启动第二套方案：把璧拿回来。司马迁用了一个“前”，这个“前”可不简单。大部分人是不敢前的。上前一步，需要巨大的勇气。司马迁在《刺客列传》里写荆轲和秦舞阳上殿，秦舞阳平时那么霸气的一个人，一看见嬴政，哆嗦了。在这里，蔺相如面对秦昭王，心里边不打鼓，反而上前一步，可见他的勇。但光有勇不行，还得有智，得动脑子。上去硬抢，死路一条。于是蔺相如说：“可惜了，这么好的东西，有点瑕疵。”

王授璧，相如因持璧却立，倚柱，怒发上冲冠……

场面一下子紧张起来。蔺相如抱着璧跑到柱子跟前，头发一根根竖起来，把帽子都给顶高了。当然了，这是司马迁夸张的写法。但这一笔写得好。人的精神就全在这句“怒发上冲冠”里了。

……谓秦王曰：“大王欲得璧，使人发书至赵王，赵王悉召群臣议，皆曰‘秦贪，负其强，以空言求璧，偿城恐不可得’。议不欲予秦璧。臣以为布衣之交尚不相欺，况大国乎！且以一璧之故逆强秦之欢，不可。于是赵王乃斋戒五日，使臣奉璧，拜送书于庭。何者？严大国之威以修敬也。今臣至，大王见臣列观，礼节甚倨；得璧，传之美人，以戏弄臣。臣观大王无意偿赵王城邑，故臣复取璧。大王必欲急臣，臣头今与璧俱碎于柱矣！”

蔺相如开始对秦王进行道德绑架。他把赵国使劲往弱了说。第一，赵国难啊，左右为难，怕受人欺负。但是普通人尚且讲信誉，何况是秦国呢？一句“况大国乎”，直接把秦国架上去了，想下也下不来。第二，赵国恭敬啊，为了给秦国送璧，赵王直接斋戒五日。请注意，这个斋戒五日，完全是蔺相如瞎编的。但不是为了瞎编而瞎编的，后面有用。说完赵国，再说秦国，说秦王傲慢，说秦王无礼，说秦国不讲信用。总之于情于理，都是秦国不对。蔺相如迅速登上了道德的制高点。

相如持其璧睨柱，欲以击柱。

场面的紧张程度进一步升级。“欲以击柱”写得好，“欲”就是想要，但还没有。司马迁一笔写了两面，字面上只写了蔺相如，但同时把秦王、众人的反应全写了。蔺相如是个好演员。他不会真去击柱的，他也就是吓吓秦王。他也知道，自己今天肯定死不了，秦王早就被他吃定了。为什么？从前面缪贤讲的那件事来看，蔺相如深谙人性的秘密。人，都有弱点。找到一个人的弱点，就能牵制他。人的弱点也很好找。每个人的弱点，就在于他内心的“欲”。一个人无欲无求了，就无敌了，这个世界上就没有谁能控制你了。但这很难。只要有欲，就会为人所制。此刻，秦王的欲，就是蔺相如手上这块和氏璧。蔺相如清楚得很，秦王不可能眼睁睁看着自己拿璧撞柱。现在这块和氏璧就是钓鱼的饵，鱼只能乖乖上钩。于是他也就是演一演，他可舍不得把璧砸了。要真砸了，他的命也没了。

秦王恐其破璧，乃辞谢固请，召有司案图，指从此以往十五都予赵。相如度秦王特以诈详为予赵城，实不可得，乃谓秦王曰：“和氏璧，天下所共传宝也，赵王恐，不

> 敢不献。赵王送璧时，斋戒五日，今大王亦宜斋戒五日，设九宾于廷，臣乃敢上璧。”秦王度之，终不可强夺，遂许斋五日，舍相如广成传。

秦王害怕了，于是赶紧道歉，找人拿着地图来割地。但是蔺相如会演，秦昭王也会演。一个“度”，写出蔺相如心里的盘算。他断定，秦王这是缓兵之计，不能上当。于是他也用缓兵之计。前面不是说赵王斋戒了五天吗？你秦王要是想拿和氏璧，也得斋戒五天。五天，是蔺相如为自己争取到的时间。蔺相如“度”，秦王也“度”，两个高手，眼神一碰，就知道对方深浅了。秦王只能同意。

> 相如度秦王虽斋，决负约不偿城，乃使其从者衣褐，怀其璧，从径道亡，归璧于赵。

这里蔺相如又“度”，反复思量、计算、筹划。蔺相如走的每一步，都不是意气用事，全都是精心算好的。他思来想去，觉得秦王最后肯定还是不肯给城，于是下定决心，让随从换上粗布衣服，拿着和氏璧，从小道回赵国。这个决定是很艰难，也很悲壮的。我相信蔺相如其实犹豫过。他其实大可以相信秦王。毕竟前面秦王戏做得很真，又是找人拿地图来，又是答应斋戒五日。如果五天之后，以璧换城，皆大欢喜，但是，这里存在着极大的不确定性。万一呢？万一秦王又失信呢？那就意味着城璧两空了。蔺相如只能选择不相信秦王。但这样选择的后果，是自己将会付出生命的代价。毕竟在殿上他吃定秦王不敢让他死，是因为有和氏璧在。现在和氏璧被送走了，他也就没了护身符。这里司马迁只是平平淡淡一句话交代过去，但这背后是千回百转的纠结、犹豫，当然，还有毅然决然的勇气。蔺相如决定不辱使命，他觉得这样做很值，他知道他的背后是整个赵国的期待。

> 秦王斋五日后，乃设九宾礼于廷，引赵使者蔺相如。相如至，谓秦王曰："秦自缪公以来二十馀君，未尝有坚明约束者也。臣诚恐见欺于王而负赵，故令人持璧归，间至赵矣。且秦强而赵弱，大王遣一介之使至赵，赵立奉璧来。今以秦之强而先割十五都予赵，赵岂敢留璧而得罪于大王乎？臣知欺大王之罪当诛，臣请就汤镬，唯大王与群臣孰计议之。"

五天以后，蔺相如上殿。秦王这次真是恭恭敬敬。"九宾礼"，是接待外国使臣的最高礼节。对蔺相如的称呼也不一样了，前面什么称呼也没有，这回很郑重，是"赵使者"。

蔺相如明知会死，死前也要充分发挥自己生命的价值，把秦国欺诈的罪名定死。他说得有理有据。第一，我们赵国是诚心诚意来献璧，你们的使者一去，我们立马就来。我们已经充分证明了我们的诚意。第二，你们绝对是欺诈。如果不是，那就证明给我们看。你们要是能先割城，我们立马把璧送回来。毕竟我们的信用是被证实过的。

蔺相如的话滴水不漏，他把整个局做得密不透风，他让秦国上下哑口无言。他充分证明了，秦国压根儿就没打算给赵国城。至此，蔺相如已经完成了他的全部使命：第一，代表赵国来到秦国，没有给秦国攻打赵国的借口；第二，完整地把和氏璧送回赵国，保全了赵国的尊严，没有让国家受辱；第三，公开证明秦国的欺诈行为，让秦国在各国间的信誉进一步下降。唯一的遗憾，是他把自己的性命当作了整个局的一部分。他说完这些话，就打算从容赴死了。

> 秦王与群臣相视而嘻。左右或欲引相如去，秦王因曰："今杀相如，终不能得璧也，而绝秦赵之欢，不如因而厚遇之，使归赵，赵王岂以一璧之故欺秦邪！"卒廷见相如，毕礼而归之。

秦王和群臣听完蔺相如的话都惊呆了。"嘻"，是表示惊讶的声音。他们那点小心思被蔺相如当众戳穿了，而且和氏璧已经被送回去了。秦国上下被一个无名之辈将了一军，大臣们感到很生气，于是两边的人准备把蔺相如拖出去。秦王也生气，但是他得逼着自己冷静。这就是一国之君和普通人的区别，普通人可以意气用事，但国君不行。他随便一个决定，都有可能牵动一个国家的命运。他需要计算，需要平衡。他考虑问题的思路，不是自己想不想杀蔺相如，而是自己能不能杀蔺相如，是杀了蔺相如之后会带来什么后果，这个后果，自己又能不能承受得起。于是，他决定不杀。杀了蔺相如，等于和赵国直接撕破脸了，等于给了赵国和其他国家一个出兵的借口。因为一个人而引发一场战争，不划算。毕竟现在还摸不透赵国到底有多强。此时，战国中期实力最强的两个大国——齐和楚，已经大不如前。齐国被燕国重创，楚国也被秦国打得喘不过气。而赵国在经历了赵武灵王的改革之后，实力大增，是目前唯一能与秦国一战的国家。但秦昭王说不好赵国究竟有几两沉，不能轻举妄动。我相信秦王在心里一定长叹了一声。他毕恭毕敬地送蔺相如走了。

> 相如既归，赵王以为贤大夫使不辱于诸侯，拜相如为上大夫。秦亦不以城予赵，赵亦终不予秦璧。
>
> 其后秦伐赵，拔石城。明年，复攻赵，杀二万人。

蔺相如这一去，不仅保全了和氏璧，更保全了赵国的尊严，“不辱于诸侯”。这次外交取得了全面胜利，这对赵国的百姓和将士来说，是巨大的鼓舞。这让秦国忌惮，也让其他国家有所忌惮。这之后，秦国也只是发动了一些很小的战争，做一些试探。于是，蔺相如从一个太监家里的门客，成了赵国的上大夫。

四

秦王使使者告赵王，欲与王为好会于西河外渑池。赵王畏秦，欲毋行。廉颇、蔺相如计曰："王不行，示赵弱且怯也。"

第二个危机来了。秦王想和赵王搞一个会面，赵王害怕，不想去。这个怕是有原因的。之前楚怀王就是被秦国骗去会面，结果再也没回去。赵王怕自己也是这个下场。秦国人办事就是这样，不地道。但是廉颇、蔺相如两人一合计，觉得还是得去。你不去，等于告诉其他国家，赵国怕了秦国，这样赵国就没什么威信了，说话别的国家也不会听了；再一个，也容易败掉士气，百姓和士兵都眼巴巴地望着国君这边。外交成功了，全国人都有面儿。要是去都不敢去，人心就散了，仗还没开始打就输了。

赵王遂行，相如从。廉颇送至境，与王诀曰："王行，度道里会遇之礼毕，还，不过三十日。三十日不还，则请立太子为王，以绝秦望。"王许之，遂与秦王会渑池。

赵王一咬牙，去。去之前肯定召集大臣们开了很多次会，但司马迁没详写。这就是文章的详略之道。前边送和氏璧之前写得已经很详细了，这次情况估计差不多，就不需要啰唆。

廉颇把赵王送到国境边上。廉颇算了一下，从去到回，超不过三十天。要是三十天还没回来，那肯定就是出事了。出事了就得启动应急预案。秦国把赵王扣下，无非是想威胁赵国，割几块地。但是如果赵国的太子即位，秦王手里那张牌就失效了。这是对外。对内的话，赵王现在明确说，自己没回来直接立太子，能够避免赵国内乱。要是没这句话，估计又会引发一场你争我抢的王室斗争。内斗只能削弱整个国家的实力。廉颇想得很周到。赵王脑子还算清楚，答应了廉颇，这事儿搁别人身上未必能答应。

> 秦王饮酒酣，曰："寡人窃闻赵王好音，请奏瑟。"赵王鼓瑟。秦御史前书曰"某年月日，秦王与赵王会饮，令赵王鼓瑟"。

秦王喝大了，让赵王给他弹一曲。赵王乖乖地弹了一曲。很明显，这是故意的。秦王也不是真喝大了，都是装出来的。他的目的很简单：再次试探赵国的实力。结果赵王二话没说，直接拿过乐器来。这下丢大人了。秦王发现自己说话好使，心里乐开了花，他也明白了眼前这位赵国的国君是个软柿子。弹完了，秦国的御史跑过来赶紧记录下这一幕。御史把这件事写下来，等于向全世界发布了公告：赵国丢人了。这次外交活动如果到此结束，那毫无疑问，秦国取得了绝对的胜利。但是对不起，场上还有一个人，那个人叫蔺相如。

> 蔺相如前曰："赵王窃闻秦王善为秦声，请奏盆缻秦王，以相娱乐。"秦王怒，不许。于是相如前进缻，因跪请秦王。秦王不肯击缻。

盆缻，就是盛酒的瓦器，秦人当乐器用，唱歌的时候拿它打拍子。蔺相如说，不如秦王也为我们演奏一曲，大家一起快乐快乐。请注意司马迁接下来用的几个词："怒""不许""不肯"——态度坚决，这事儿没商量。但是对蔺相如来说，今天这个缻，你必须奏。

> 相如曰："五步之内，相如请得以颈血溅大王矣！"左右欲刃相如，相如张目叱之，左右皆靡。于是秦王不怿，为一击缻。相如顾召赵御史书曰"某年月日，秦王为赵王击缻"。

蔺相如对秦王说，咱俩这会儿挨这么近，小心我白刀子进红刀子出。秦王也不是没带保镖来。保镖刚准备动手，蔺相如朝他们一瞪眼，保镖全倒下了。夸张，绝对是夸张。这好比张飞在长坂坡大吼一声，曹军就吓破了胆。小说可以这么写，但历史也能这么写吗？司马迁说，可以。

秦王没办法，现在小命在人家手里，人家说什么就是什么。于是拿过缻来，拍了一下。秦王不高兴，但不高兴也得忍着。

蔺相如赶紧把赵国的御史也叫过来，同样的行为，回赠给秦国，“礼尚往来”。

秦王没料到剧情反转得这么快。

> 秦之群臣曰：“请以赵十五城为秦王寿。”蔺相如亦曰：“请以秦之咸阳为赵王寿。”秦王竟酒，终不能加胜于赵。赵亦盛设兵以待秦，秦不敢动。

请注意，这是正式的外交场合，两国元首会面，身边带的都是有身份的人。但是这个外交活动搞得很儿戏，好像小孩在打嘴仗。秦国的大臣说，你们赵国拿出十五座城来给我们秦王当礼物。蔺相如说，把你们首都咸阳拿来给赵王做礼物。直到这次宴会结束，谁也没能占上风。这看起来好像很好笑，但是文字后面，是刀光剑影。“赵亦盛设兵以待秦，秦不敢动。”这句话里藏着凛凛的杀气，寒意逼人。你一言我一语后面，其实是两国军事实力的较量。秦和赵，谁也不敢先动对方，都是因为忌惮对方的实力。

很险，赵国差一点就吃了亏，还好有蔺相如，保住了赵国的颜面。

五

既罢归国，以相如功大，拜为上卿，位在廉颇之右。廉颇曰："我为赵将，有攻城野战之大功，而蔺相如徒以口舌为劳，而位居我上，且相如素贱人，吾羞，不忍为之下。"宣言曰："我见相如，必辱之。"

戏剧性的一幕发生了。文章开头，一个是上卿，一个是舍人，两个人地位天差地别。结果现在，蔺相如的地位比廉颇高了。廉颇不服，他觉得自己功劳够大，蔺相如只会耍耍嘴皮子。他还到处和别人说，看见蔺相如，一定要羞辱他一番。

相如闻，不肯与会。相如每朝时，常称病，不欲与廉颇争列。已而相如出，望见廉颇，相如引车避匿。

蔺相如躲起来了。他避免一切和廉颇见面的机会——说自己病了，不去参加朝会；看见廉颇的车转头就跑。这和前面那个蔺相如形成了极大的反差。前面那个蔺相如在秦廷上视死如归，一瞪眼就能把秦王的保镖全给吓趴下，是一个无比勇敢的人。但是现在，他成了一个胆小鬼。他好像怕得要死，恨不得躲在家里永远不出去。司马迁写得好，他把一个人写得极具张力。他写一个人的勇敢，也写一个人的胆怯；写一个人的无所畏惧，也写一个人的畏畏缩缩。司马迁写蔺相如的软弱，但软弱恰恰是他的刚强。

于是舍人相与谏曰："臣所以去亲戚而事君者，徒慕君之高义也。今君与廉颇同列，廉君宣恶言而君畏匿之，恐惧殊甚，且庸人尚羞之，况于将相乎！臣等不肖，请辞去。"

司马迁要写出真相，但不能从正面写。要是蔺相如义正词严地发表演讲，对大家讲出真相，讲出自己心里的苦衷，那这个艺术效果就大打折扣了。这个真相要"逼"出来才行，要"不得不说"。于是危机出现。门客们要卷铺盖走人，大家说跟着这样的老板实在憋气。蔺相如每天像个胆小鬼一样，见了廉颇就躲，让大家觉得很没面子。写出众人的不理解，才衬托出蔺相如高过众人一头、高过廉颇一头的地方。

蔺相如固止之，曰："公之视廉将军孰与秦王？"曰："不若也。"相如曰："夫以秦王之威，而相如廷叱之，辱其群臣，相如虽驽，独畏廉将军哉？顾吾念之，强秦之所以不敢加兵于赵者，徒以吾两人在也。今两虎共斗，其势不俱生。吾所以为此者，以先国家之急而后私仇也。"

蔺相如说："你们看，廉将军和秦王比，谁厉害？"大家说：

“还是秦王厉害。”蔺相如说：“那不就行了。秦王那么厉害的人，我也没怕过呀。我照样羞辱他的群臣，当面斥责他。所以我怎么可能怕廉将军？不是怕呀，各位。想想吧，秦国之所以不敢拿赵国怎么样，无非是因为赵国有我和廉将军，要是今天我们俩斗起来了，谁是最大的获益者？我是为赵国，不是为自己。”

大家一听，恍然大悟。了不起啊。

蔺相如确实了不起，他把形势看得太透彻了。这才是他的勇。前边骂秦王、瞪保镖，那最多算小勇，这会儿是大勇。他是百炼钢，也是绕指柔。他心里边装的世界更宽广，他心里装的是赵国的天空。

> 廉颇闻之，肉袒负荆，因宾客至蔺相如门谢罪。曰：“鄙贱之人，不知将军宽之至此也。”卒相与欢，为刎颈之交。

廉颇也不赖，知错就改。两个人从此结成生死之交。赵国有这两根柱子撑着，稳了。

> 太史公曰：知死必勇，非死者难也，处死者难。方蔺相如引璧睨柱，及叱秦王左右，势不过诛，然士或怯懦而不敢发。相如一奋其气，威信敌国，退而让颇，名重太山，其处智勇，可谓兼之矣！

司马迁的“太史公曰”很重要。一篇文章的精华全在最后的“太史公曰”里了。这是我们理解司马迁笔下人物的重要线索，它像一把钥匙，“咔嗒”一声，文章的门就开了。

司马迁说，要是决定好了去死，人就会变得勇敢。死不是问题，如何让自己死得有价值，才是关键。“处死者难”，这四个字太重要了。司马迁最看重的，就是让生命的价值得到最大程度的发挥。每个人都会死，但有些人的死，就重如泰山。司马迁佩服这些人。

司马迁说蔺相如拿着和氏璧要撞柱子、呵斥秦王身边的保镖，不过就是一个死，但是一般人做不到啊，一般人光是想想就吓软了。但是蔺相如鼓起勇气，拿自己的生命作为代价，换回了赵国的尊严，让秦国不敢轻举妄动。

但更重要的，是他肯退一步，他能忍，他愿意把委屈咽进肚子里。

司马迁说，勇敢啊，智慧啊，这个人。

时间的风能吹起鸿毛和落叶，却吹不起高山。山永远在那里。

在绝境中重生：

《田单列传》

一

读《田单列传》，就一个字，奇。清代的吴见思说："田单，是战国一奇人，火牛，是战国一奇事，遂成太史公一篇奇文。"（《史记论文》）《田单列传》里写的这些事，别的史料里也都没有。有时候会觉得奇怪，司马迁到底从哪搜罗来这么多有意思的材料。实话说，这一篇完全能当小说来读。有危机，有起伏，有高潮，有逆转，有置之死地而后生。

> 田单者，齐诸田疏属也。湣王时，单为临菑市掾，不见知。

田单，齐国的贵族，但是比较边缘，不受重视。临菑也写作临淄，是齐国的首都。市掾，就是市场管理员。"不见知"，就是不被重用，没人知道。三个字，写得很凄凉。很多有才能的人，一辈子都"不见知"。"虚负凌云万丈才，一生襟抱未曾开"是常态。和写蔺相如一样，司马迁写田单，一开始也是往低了写。也不是司马迁故意这样，事实确实如此。司马迁喜欢写这样的人。

这些人，人生前半段往往是冷色调的、灰暗的、平淡的，但历史的风云变幻会给他们创造一些机会，他们的命运往往就此改变。

及燕使乐毅伐破齐，齐湣王出奔，已而保莒城。

这是公元前284年，燕国派乐毅攻打齐国。齐湣王从家里被打出来，跑到莒城。战国时期，你来打我一下，我去打你一下，其实也正常。但是这次燕国来打齐国不一样，不是简单的挑衅或者侵略，是报仇，而且是忍了三十年的仇。

故事还要从三十年前说起。那个时候燕国的国君是燕王哙。燕王哙岁数大了，脑子也糊涂了，就把王位传给他们燕国的相邦子之了。结果这事引起了太子的不满。太子平联合将军市被发动了内乱。于是燕国内部你打我我打你，乱成一片。这时候齐国发现了机会。齐国和燕国挨得近，齐国趁人家内乱就跑过去了，把人家的国给占了，把人家的好东西全搬到自己家来了。但人家燕国的百姓不欢迎你这么干啊。再说了，其他国家也不能让你这么干。你齐国把燕国灭了，那你不就更强了吗？你一旦强了，不就开始惦记我们啦！于是其他国家也出来积极干预。齐国只能从燕国乖乖撤出来了。

但这事儿没完啊。这对燕国来说很耻辱。但是齐国很强，一时半会儿打不下来，后来继位的燕昭王决定先忍着。但忍着，不是忘了，这事儿忘不了。他励精图治，广招人才，决心一定要报仇。他等了三十年，终于等到一个机会。但是单靠燕国自己也不行。于是燕国联合了秦、赵、魏、韩，组成了一支五国大军，浩浩荡荡地就冲齐国来了。领头的统帅叫乐毅。乐毅厉害啊，很多年后有个叫诸葛亮的人就经常把自己比作管仲和乐毅。乐毅的军队所到之处简直势如破竹，齐国压根儿连还手的力气都没有。

燕师长驱平齐，而田单走安平，令其宗人尽断其车轴末而傅铁笼。

燕国的军队长驱直入，田单只能逃到安平。这时候田单做了一件事。他让自己家里的人把车轴末尾那一截全砍断了，然后用铁箍，把砍断的车轴包住。很奇怪，对不对？这是司马迁惯用的手法。正式开场前，先写一件小事。事情虽然小，但就像一个细胞，里面有整个人的DNA。

已而燕军攻安平，城坏，齐人走，争涂，以輨折车败，为燕所虏，唯田单宗人以铁笼故得脱，东保即墨。

谜底马上揭晓。不久燕军就打到安平了，安平城被攻破，齐国人争着抢着要跑啊。路总共就那么宽，大家争啊抢啊，结果车全撞到一块去了。车一撞，车轴就都给撞断了，车轴一断，谁也走不成了。輨，就是车轴头。“輨折车败”，车全坏了。燕军把齐人一锅端了。司马迁用了“唯”，说明只有这一家逃走了，就是田单他们家。人家早有准备，车轴短了一截，而且罩着铁箍，不怕撞。这个“唯”也说明世上有远见的人确实不多。在事情没发生前就预料到可能出现的情况，的确是很厉害的人。于是，田单带着一家人逃到即墨去了。

燕既尽降齐城，唯独莒、即墨不下。燕军闻齐王在莒，并兵攻之。淖齿既杀湣王于莒，因坚守，距燕军，数年不下。

齐国七十多座城，全投降了，就剩下两座，莒城和即墨。这时候齐湣王在莒城躲着呢。燕军一听说齐湣王在莒城，集中兵力想要一举拿下。但是这一举没拿下。这里出现了一个新的人物，淖齿。淖齿是楚国派到齐国来援助的将军。楚国说是来帮齐国的，其实也没安什么好心，不过是想拿回自己过去的失地。这个淖齿来到齐国，和齐湣王闹矛盾，顺手就把齐湣王给杀了。齐国人看见他把自己的国君给杀了，感到很气愤，于是把淖齿也给杀了。莒城这边，外面的燕军和里面的齐国人就这么对峙着，僵了好几年。

燕引兵东围即墨，即墨大夫出与战，败死。城中相与推田单，曰：“安平之战，田单宗人以铁笼得全，习兵。”

立以为将军，以即墨距燕。

莒城那边僵着，即墨这边也僵着。燕军先是和即墨城的大夫打了一场，即墨大夫战死了。这下即墨城没头儿了。大家推举田单。从田单砍断车轴保全一家这件事上看，这个人行。而且大家发现他“习兵”，就是懂兵法，会打仗。就他了。直到现在大家才发现田单“习兵”，和前面写他“不见知”形成呼应。于是田单获得了命运赠与的机会，从幕后走到了台前，成了即墨城的将军。前边都算是引子，写到这，好戏才正式开场。

二

顷之，燕昭王卒，惠王立，与乐毅有隙。田单闻之，乃纵反间于燕，宣言曰：“齐王已死，城之不拔者二耳。乐毅畏诛而不敢归，以伐齐为名，实欲连兵南面而王齐。齐人未附，故且缓攻即墨以待其事。齐人所惧，唯恐他将之来，即墨残矣。”燕王以为然，使骑劫代乐毅。

乐毅因归赵，燕人士卒忿。

现在摆在田单面前的，只有一件事：打败燕军，收回失地。单是想想这件事，都觉得难于上青天。七十座城都被攻占了，现在就剩下最后两座了，好像不用打也知道最后的结局。但田单要完成的，就是看起来无法完成的事。

在打败燕军这件事上，第一个难以逾越的障碍，就是对方的统帅：乐毅。一支军队由两部分组成：统帅和战士。统帅决定着战争的方向，决定着战士们往哪打、怎么打。现在对方战士的数量显然远远超过即墨的战士数量。田单知道，如果想打赢，只能先在乐毅身上下功夫。

田单终于等来一个机会。

时间来到公元前279年，距离燕国攻打齐国，已经过去了五年。乐毅的军队在即墨城外面整整待了五年。这一年，燕昭王去世，燕惠王即位了。燕惠王和乐毅关系向来不太好，燕惠王还是太子的时候两个人关系就不好。而且乐毅手握军权，又在齐国待了好几年，这对新即位的国君来说是个巨大的威胁。这么长时间还攻不下齐国的一座城，乐毅想干什么？燕惠王心里对乐毅肯定有所猜忌。一旦乐毅在齐国称王，他根本没有力量去制衡乐毅。田单抓住了这一点，于是开始找人去燕惠王跟前散布谣言：

“齐王都已经死啦，但是齐国还有两座城没攻下来，乐毅怕回去受到责罚所以一直没回去。他现在打着伐齐的旗号，实际上是想自己在齐国称王。只不过现在齐国人还没有归附，他在等待时机，等到齐国人归顺了，自己就称王啦。齐国人现在最害怕的，就是燕国派个别的将领来，那即墨就完蛋啦！”

一个人会相信的，都是自己愿意相信的事。田单说的，恰恰是燕惠王心里所想的。田单把燕惠王的猜疑、忌惮全都公开说了出来。燕惠王一听，好啊，我就知道乐毅想造反。想要说服一个人行动，要么是许之以利，要么是晓之以弊。田单此时成功利用后者，激起了燕惠王的恐惧。燕惠王果然派了另一个将领骑劫来代替乐毅。乐毅此时也不敢回燕国了，等待他的可能是灭顶之灾，于是他逃去了赵国。

燕国的百姓、将士都感到很生气。旁观者清，他们不在这个权力的游戏中，所以能看清谁对国家好。但对燕惠王来说，考虑问题的角度完全不一样。权力会蒙蔽一个人的双眼。

乐毅不在了，田单的胜算增加了一成。

而田单乃令城中人食必祭其先祖于庭，飞鸟悉翔舞城中下食。燕人怪之。田单因宣言曰："神来下教我。"

解决了对方的问题，下面就要解决我方的。对即墨城的百姓和将士来说，最大的问题是没有信心。他们似乎自己也不相信，剩下的这些齐国人，可以战胜燕国的军队。他们现在就像是一群待宰的羔羊，等着屠刀降临到自己身上。田单现在要做的，就是恢复百姓的信心，让大家觉得，我们能赢。

但这事不能光靠嘴去说，那些口号在这种时刻只会显得空洞。

得让大家从心里相信。

田单想到一招。他知道，百姓都很迷信，他们对神灵的迷信，要远超过对人的信任。

于是田单下令，每顿饭前，要先在院子里祭祀祖先。这下好了，天上的鸟看见吃的，都纷纷飞下来。城外的燕国士兵惊呆了，以为有什么灵异事件。田单趁机向大家宣布，是神明来到了我们中间。

> 乃令城中人曰："当有神人为我师。"有一卒曰："臣可以为师乎？"因反走。田单乃起，引还，东乡坐，师事之。卒曰："臣欺君，诚无能也。"田单曰："子勿言也！"因师之。每出约束，必称神师。

他还找人在城里散布："会有神人来做我们的老师。"这时候有一个士兵出来说："我可以当老师吗？"估计他就是想开个玩笑，说完转身就走。结果田单一把抓住他，让他面向东坐，拿对待老师的态度对他。古代的座次比较讲究，面向东的座位是很尊贵的。这个小兵慌了，说："我骗你的，我其实什么本事也没有。"田单让他不要声张。以后不管发布什么命令，田单都会说，这是神人指示他这么做的。田单需要的，并不是一个有本事的人。他只是需要一个傀儡，需要一个和他一起装神弄鬼的人。

现在大家遵守的，不是田单的命令，而是"神人"的命令。既然神人都下来帮助我们了，那还有啥说的。

很多年之后，一个叫陈胜的人也用了同样的招数，来增加自己的威信。他派人在鱼肚子里塞上布条，布条上写着“陈胜王”。

此刻，田单的胜算又增加了一成。

乃宣言曰：“吾唯惧燕军之劓所得齐卒，置之前行。与我战，即墨败矣。”燕人闻之，如其言。城中人见齐诸降者尽劓，皆怒，坚守，唯恐见得。

现在两军作战，对方的将领已经换了。再就是看我方的实力。我方的士兵现在面对的情形，是燕国已经攻占了七十多座城，只剩下了两座城。士兵们心里想的不是打仗，不是上战场杀敌。他们心里有的，只是胆怯。

田单还不能保证，即墨城里的士兵不想投降。想让他们不投降，只有一条，让他们恐惧投降。

于是田单到处在燕军中散布风声：“我们很害怕燕国的军队把齐国的俘虏削掉鼻子之后，安排在队伍的前方。一旦这样战斗，我们一定会输得很惨。”燕国人听到之后，直接照办，把齐国降兵的鼻子全削掉了。结果即墨城中的人看到这一幕，又愤怒又恐惧。愤怒，是因为自己的同胞受到了侮辱和伤害。恐惧，是因为怕自己也会有同样的遭遇。于是，没有人想要投降了。大家坚守在城中，生怕被敌人捉去。

田单有三成胜算了。

单又纵反间曰："吾惧燕人掘吾城外冢墓，僇先人，可为寒心。"燕军尽掘垄墓，烧死人。即墨人从城上望见，皆涕泣，俱欲出战，怒自十倍。

在一场战争中，如果其中一方的每个人都觉得，这场仗是为自己打的，那这一方几乎必胜。项羽的巨鹿之战是这样，韩信的井陉之战也是这样。之前田单做的事，是恢复信心，好比让死灰复燃。现在田单要做的，是烧起一把大火，让每个人都想主动出击。他要点燃每个人心中复仇的火焰。

田单派人去燕军中散布谣言："我们很害怕燕国人把我们城外祖先的坟墓给刨了。要是有人刨我们的祖坟，我们真的会胆战心惊。"于是燕军又一次照办，他们刨了齐人的祖坟，烧了他们祖先的尸骨。即墨人在城墙上看着自己家的祖坟一片狼藉，都流下了眼泪。每个人恨不得立刻就冲出城去，把燕国人撕碎。

田单的胜算，有四成了。

三

田单知士卒之可用，乃身操版插，与士卒分功，妻妾编于行伍之间，尽散饮食飨士。

田单知道，现在士兵和百姓，人人都想要出战。于是他来到士卒中间，鼓舞大家的士气。他把自己的妻妾也安排在军队里，把吃的喝的全分给大家。这是一个好将领的特质，这样做的结果是大家会为你卖命打仗。

《史记》中这样的例子很多，比方说吴起。司马迁在《孙子吴起列传》中写道："起之为将，与士卒最下者同衣食。卧不设席，行不骑乘，亲裹赢粮，与士卒分劳苦。卒有病疽者，起为吮之。"吴起和士兵穿一样的衣服，吃一样的饭。睡觉不铺褥子，行军路上不骑马，自己背着粮食，还亲自给士兵吸吮毒疮。再比方说李广。《李将军列传》里说："广之将兵，乏绝之处，见水，士卒不尽饮，广不近水，士卒不尽食，广不尝食。宽缓不苛，士以此爱乐为用。"在没水的地方，一旦找到水，士卒们不先喝完，李广不会去喝。吃饭时士卒们不都吃饱，李广不会去吃。所以大家都愿意为李广卖命。田单对这一点也很清楚。

他现在有五成胜算。

令甲卒皆伏，使老弱女子乘城，遣使约降于燕，燕军皆呼万岁。

我方准备得差不多了。现在还需要让对方松懈。在对方毫无准备的情况下出其不意地一击，才有可能胜利。

田单让士兵们都藏起来，派一些老人和女子站到城墙上。这样对方的将士一看，就会放松警惕。田单还派人去燕军中约降，表示即墨实在扛不住了。这下可把燕军高兴坏了，在这等了五年了，可算等到你们投降了。

> 田单又收民金，得千溢，令即墨富豪遗燕将，曰："即墨即降，原无虏掠吾族家妻妾，令安堵。"燕将大喜，许之。燕军由此益懈。

为了进一步坚定对方的想法，田单还筹了一笔钱，找富豪送给燕军的将领，说："马上即墨就要降了，希望你们进城的时候千万别伤害我们家的人啊，一点小意思，不成敬意。"燕军将领高兴坏了。此时燕军上下洋溢着欢乐的气氛。大家想这场仗可算打到头了，马上就能进城了。没有人怀疑即墨人投降的诚意，整个燕军阵营完全松懈下来。他们不知道的是，此刻即墨城内，所有人正满怀杀意。

对田单来说，尽管现在已经有六成胜算，但还不能保证一定会赢。他还需要一样东西，牛。

整篇《田单列传》，司马迁一直在收着写，他写田单一点一点地布局，一点一点地准备，一天一天地等待。司马迁一直牵着我们的心。现在，高潮终于到来了。文章的“势”已经积攒够了，接下来的一段，就如同水银泻地。

> 田单乃收城中得千馀牛，为绛缯衣，画以五彩龙文，

束兵刃于其角，而灌脂束苇于尾，烧其端。凿城数十穴，夜纵牛，壮士五千人随其后。

田单在城里找了一千多头牛。他让人在大红色的绸子上，画上五彩的龙纹，然后把这些绸子披在牛身上。他又让人在牛的两个角上，绑上尖锐的刀。田单又准备了蘸满油的苇草，并且把这些苇草绑在牛尾巴上点燃了。现在这些牛已经不是牛了，它们是田单的秘密武器。它们能以一当十。它们是这场战争的关键。

城里的齐国人提前在城墙上凿了十几个洞。到了晚上，他们把牛从洞里都放了出去。有五千个士兵紧随其后。此刻，燕军正在营帐里做着美梦。

牛尾热，怒而奔燕军，燕军夜大惊。牛尾炬火光明炫耀，燕军视之皆龙文，所触尽死伤。

牛的尾巴被烧着了，它们在燕军中横冲直撞。燕军吓坏了。他们睁眼一看，“牛尾炬火光明炫耀”，而且牛身上都是龙的花纹。他们还以为是什么怪兽。之前他们天天看到即墨城里有鸟飞下来，现在他们真的以为是神灵来了。他们感到十分惊恐，再加上之前已经完全松懈，没有做好战斗的准备，于是在慌乱中，燕军死伤遍地。

五千人因衔枚击之，而城中鼓噪从之，老弱皆击铜器为声，声动天地。燕军大骇，败走。

跟在牛后面的五千个人，每个人嘴里都“衔枚”，枚就是一根小木棍，咬在嘴里防止出声。这些士兵在前面冲锋陷阵，即墨的老弱之人则在城里敲着铜器为他们呐喊。他们脑子里想到的，是燕国人把自己祖先的坟墓给刨了，是燕国人把自己同胞的鼻子给割了。司马迁说当时“声动天地”。齐人积攒了几年的仇怨，在这个火光冲天的晚上，全都发泄了出来。

田单赢了。即墨赢了。齐人，赢了。

齐人遂夷杀其将骑劫。燕军扰乱奔走，齐人追亡逐北，所过城邑皆畔燕而归田单，兵日益多，乘胜，燕日败亡，卒至河上，而齐七十馀城皆复为齐。乃迎襄王于莒，入临菑而听政。

襄王封田单，号曰安平君。

齐人杀了骑劫，又一路追赶燕军，收复失地。田单以一己之力把齐国丢掉的七十多座城池全收回来了。此时齐湣王已经死了，田单去莒城找到齐湣王的儿子齐襄王，把他迎回临淄。田单被襄王封为安平君。安平，是他从临淄出逃后的第一站。就是在安平，田单让家人把车轴砍断。

田单完成了一件看起来无法完成的事。这是一场以少胜多的奇迹。精彩。田单能出奇制胜，也是时势使然，是极端环境逼出来的。如果不是实力过于悬殊，估计田单也不会想出“火牛阵”这样的奇计。

太史公曰：兵以正合，以奇胜。善之者，出奇无穷。奇正还相生，如环之无端。夫始如处女，适人开户；后如脱兔，适不及距，其田单之谓邪。

司马迁最后的结论是，打仗，一方面靠正面作战，一方面靠出奇制胜。田单一开始就好像一个弱女子，敌人看见了毫不防备，于是门户大开。等到敌人完全放松警惕，他就变成一只敏捷的兔子，敌人完全搞不清楚发生了什么。

不过，尽管田单成功复国，可是齐国被燕国重创之后元气大伤，再也没能缓过来。

但历史记住了那个火光冲天的夜晚。那天晚上，齐国人一夜无眠。

乱世中的气度：

《魏公子列传》(一)

一

战国有四公子：信陵君魏无忌、平原君赵胜、春申君黄歇、孟尝君田文。这四个人，都因为爱士而闻名，但有的是真爱，有的纯粹是为了虚名。司马迁为这四个人立传，三个题目相似，用的都是封号，只有信陵君，司马迁写的是《魏公子列传》。司马迁偏爱魏无忌，这篇文章也写得好。

魏公子无忌者，魏昭王少子而魏安釐王异母弟也。昭王薨，安釐王即位，封公子为信陵君。

先讲信陵君的出身，是魏安釐王的兄弟。按理说，兄弟之间有手足之情。只不过，权力场中没有兄弟，一旦登上王位，所有的人都会是威胁。这也是后来魏无忌结局悲凉的原因。

是时范雎亡魏相秦，以怨魏齐故，秦兵围大梁，破魏华阳下军，走芒卯。魏王及公子患之。

这里讲到范雎，《史记》里有一篇《范雎蔡泽列传》，也很精彩。范雎原本是魏国人，结果被魏国相邦魏齐猜忌。魏齐让人打断范雎的肋骨，拔下他的牙齿，还把他拖到厕所里，让人轮番在他身上撒尿。范雎忍了。他逃过一劫后，改名换姓，去了秦国。他向秦昭王献策，受到重用，成了秦国相邦。后来范雎为了报仇，起兵攻打魏国，围了魏国的首都大梁，就是今天的开封。

司马迁在这里写的几件事本身都没问题，只不过，时间线搞串了。根据梁玉绳在《史记志疑》中的说法，秦国“破魏华阳下军”和“走芒卯（芒卯是魏国将领）”分别是秦昭王三十二年（公元前275）和三十四年（公元前273）的事。当时秦国的相邦是穰侯魏冉，就是秦昭王的舅舅。而范雎相秦，是十年之后，也就是秦昭王四十二年（公元前265）的事。所以这里说“以怨魏齐故”，所以“秦兵围大梁”，有一些问题。

但是秦国当时的确对魏国虎视眈眈。秦比魏强大太多。“魏王及公子患之”的心情是真实的。司马迁这里写人物，还是用了惯用的手法，把人放在危机中去写。一上来，阴云笼罩。

> 公子为人仁而下士，士无贤不肖皆谦而礼交之，不敢以其富贵骄士。士以此方数千里争往归之，致食客三千人。当是时，诸侯以公子贤，多客，不敢加兵谋魏十馀年。

整篇《魏公子列传》，如果要拎出一个字做文眼，那就是

“客”，或者“士”。如果再多几个字，就是这里写的，“仁而下士”。抓住这四个字，就抓住了魏无忌。不管对谁，有身份没身份，魏无忌都以礼相待，都谦卑，都把自己的身段放得很低。大家在他这儿得到了充分的尊重，所以方圆数千里的士都跑来投靠他。司马迁这里说魏无忌有食客三千。凭着这三千食客，魏无忌给魏国建造了一道屏障。刚才前面还阴云笼罩，还危机四伏，秦国还虎视眈眈，但转眼间，烟消云散，云开月明，魏国安定如山，诸侯“不敢加兵谋魏十馀年”。于是我们知道，前边写秦的强大，写魏惨败，不是为了写魏，是为了这里凸显魏无忌。司马迁把一个人和一个国家的命运，联系了起来。

> 公子与魏王博，而北境传举烽，言“赵寇至，且入界”。魏王释博，欲召大臣谋。公子止王曰：“赵王田猎耳，非为寇也。”复博如故。王恐，心不在博。

前面读《廉颇蔺相如列传》和《田单列传》，我们已经很熟悉司马迁的这种写法了：写大事前，先写小事暖场，借小事表现人物。魏王和信陵君下棋，忽然有人来报，赵国打来了，马上就打到国境线了。魏王立马紧张起来。信陵君说没事，赵王就是来打猎的。一颗石子落下去，魏王心里已经翻起了滔天巨浪，司马迁说“王恐，心不在博”，根本没心思下棋了。但这一边，信陵君“复博如故”，压根儿没当回事，该下棋下棋，潇洒，风度翩翩。

> 居顷，复从北方来传言曰："赵王猎耳，非为寇也。"魏王大惊，曰："公子何以知之？"公子曰："臣之客有能深得赵王阴事者，赵王所为，客辄以报臣，臣以此知之。"是后魏王畏公子之贤能，不敢任公子以国政。

危机解除，赵王果然是来打猎的。魏王大惊。信陵君揭晓谜底："赵王身边，有我的人。他不管干什么，都有人提前通知我。"司马迁写这件事，是为了写一个字——"客"。信陵君办事，基本上得力于"客"。这是信陵君厉害的地方。阴事，就是隐私。这两个字后面是一个巨大的黑洞。有什么秘密，是魏无忌不知道的呢？信陵君说完话，司马迁在后面紧接着一句，"是后魏王畏公子之贤能，不敢任公子以国政"。这句话写得冷极了。前面魏王的"大惊"，有惊讶的成分在里头，现在，魏王是"畏"，是恐惧，是害怕，是不寒而栗。既然你能在赵王身边安插眼线，那我身边，有没有你的人呢？我的一举一动，是不是也在你的监视之下？你还有什么不知道的？对魏王来说，眼前这个人，很危险。一个有才能的人，本身就是危险的，而一个有才能的人一旦得到了权力，就会变得更加危险。魏王知道，自己这个兄弟，不能用了。对魏王来说，魏国的发展是次要的，重要的，是自己的位置。那些站在权力顶峰的人，往往极度缺乏安全感。

二

魏有隐士曰侯嬴，年七十，家贫，为大梁夷门监者。公子闻之，往请，欲厚遗之。不肯受，曰："臣修身洁行数十年，终不以监门困故而受公子财。"

接下来，好戏开场。侯嬴，一个看大门的，穷，而且老。战国时期七十岁，等于一只脚已经踏进坟墓了。但是魏无忌觉得，这个人有本事。有本事的人，他都要去请来。先是给东西、给钱，结果人家不要。侯嬴说："我干净了一辈子，不能因为穷，就拿你的钱。"这一推辞，魏无忌心里有数了。这个世界上，大部分人都能用钱收买，钱买不动的人，才厉害。

公子于是乃置酒大会宾客。坐定，公子从车骑，虚左，自迎夷门侯生。侯生摄敝衣冠，直上载公子上坐，不让，欲以观公子。公子执辔愈恭。

魏无忌于是摆了一桌酒席，把有头有脸的人都请来了。他自己亲自去大梁城的东门迎接侯生。"虚左"，就是把左边的位置特意空出来。坐车，左边的位置最尊贵。侯生也不客气，"直上载公子上坐，不让"，上去就坐。"欲以观公子"，写侯嬴其实是在考验魏无忌，看看他的心意是真是假。司马迁写得细致，把人的心思都写出来了。魏无忌恭恭敬敬驾车，完全没觉得不妥。侯嬴前面推辞，不要礼物，也是考验。对他来说，七十了，隐了一辈子了，没必要在最后这点时间再出来蹚浑水。但要是遇着真识货的，他倒也愿意出山。《水浒传》里，吴用撺掇着阮氏兄弟去劫生辰纲，阮小五和阮小七说："这腔热血，只要卖与识货的！"士，可以为知己者死。

> 侯生又谓公子曰："臣有客在市屠中，愿枉车骑过之。"公子引车入市，侯生下见其客朱亥，俾倪，故久立与其客语，微察公子。公子颜色愈和。

考验升级，必须要百般刁难，反复折腾。侯嬴说自己有个朋友在菜市场杀猪，要去看望一下。很过分的要求，但是魏无忌照办了。侯嬴这朋友叫朱亥，后面还会出现。"俾倪"，就是斜着眼睛瞅，很形象。侯嬴一边说话，一边瞅魏无忌，而且故意说很长时间。"微察公子"，在心里给这个人打分，看看到底值不值得自己效力。结果魏无忌脸色更加温和。

> 当是时，魏将相宗室宾客满堂，待公子举酒。市人皆观公子执辔。从骑皆窃骂侯生。侯生视公子色终不变，乃谢客就车。

司马迁了不起，一笔下来，连写三个场面，好像电影的蒙太奇，把三个镜头剪在一起。第一个场景，写宴会，魏国有身份的人齐聚一堂，但都在等着，等着魏无忌回来。这是呼应前面写的“公子于是乃置酒大会宾客”。第二个场景，写菜市场，菜市场上的人聚在一堆儿看热闹，看信陵君给一个看大门的驾车，一边看还一边议论。这是呼应前边的“公子引车入市”。第三个场景写魏无忌的随从，给随从们来了个大特写，写他们在一边骂骂咧咧，但又不敢大声。他们觉得侯嬴不知好歹，既耽误了大家吃饭，又让自己家主人没面子。这是呼应前边的“公子从车骑”。三个镜头，三类不同的人，三种不同的反应。侯嬴多次考验，魏无忌的反应是“执辔愈恭”，是“颜色愈和”，是“色终不变”。侯嬴觉得，可以了，于是拜别朱亥，上车。

至家，公子引侯生坐上坐，遍赞宾客，宾客皆惊。

回到家，魏无忌让侯嬴坐上座，给所有人介绍侯嬴。“宾客皆惊”，这个“惊”写得好，是吃惊，是惊讶，是没想到，是不理解。以为这么半天过去，是去接什么尊贵的客人，结果就是一个看大门的老头儿。这个“惊”是众人的反应，由此可以看出众人和魏无忌的区别。魏无忌眼睛毒，能从人堆儿里认出高手。

酒酣，公子起，为寿侯生前。侯生因谓公子曰：“今日嬴之为公子亦足矣。嬴乃夷门抱关者也，而公子亲枉车骑，自迎嬴于众人广坐之中，不宜有所过，今公子故过之。然嬴欲就公子之名，故久立公子车骑市中，过客以观公子，公子愈恭。市人皆以嬴为小人，而以公子为长者能下士也。”于是罢酒，侯生遂为上客。

魏无忌给侯嬴敬酒，侯嬴讲出一番话。他说：“我今天确实做得过分，但这么做不是为我，是为了成就你信陵君。今天你拉着我在街上这么一走，大家全看在眼里。大家都觉得我是个小人，但你却能爱才，能谦卑地对待士人。这样一来，你的名声就会传得更广，那些有本事的人就都会到你这里来。”信陵君一听，心里感动，把侯嬴尊为上客。但侯嬴说的，还只是场面话，他还没把心里的话全掏出来。他心里想的是，自己找到了一个值得托付的人，一个能让自己愿意为之付出生命的人。如果有一天信陵君需要他赴死，他绝不会推辞。

侯生谓公子曰：“臣所过屠者朱亥，此子贤者，世莫能知，故隐屠间耳。”公子往数请之，朱亥故不复谢，公子怪之。

这里又点了一笔朱亥，是为后文做准备。我们读《史记》，会发现和其他正史不太一样，司马迁笔下不只有帝王将相，还有贩夫走卒——有看大门的，有杀猪的。司马迁用文字打捞了这些原本可能会被时间遗忘的人。朱亥脾气也和侯嬴一样，魏无忌派人去请了很多次，朱亥压根儿就不理，于是暂且按下不表。

三

魏安釐王二十年，秦昭王已破赵长平军，又进兵围邯郸。公子姊为赵惠文王弟平原君夫人，数遗魏王及公子书，请救于魏。魏王使将军晋鄙将十万众救赵。秦王使使者告魏王曰：“吾攻赵旦暮且下，而诸侯敢救者，已拔赵，必移兵先击之。”魏王恐，使人止晋鄙，留军壁邺，名为救赵，实持两端以观望。

危机出现。长平之战，赵军大败。据说秦将白起坑杀了赵国四十多万将士，赵国元气大伤。秦国想趁机一举灭了赵国，于是围攻赵国都城邯郸。信陵君的姐姐是平原君赵胜的夫人，多次给魏王和信陵君写信求救。魏王于是派晋鄙带着十万将士去救赵国。这个举动引起了秦国的不满，秦昭王派人来传话：“赵国早晚要被我灭了，你们谁要是敢来救赵，灭了赵，下一个灭的就是你。”魏王一听，害怕了，让晋鄙先别动，观望一下再说。

一段话，写出三个国家的不同状态：“数遗魏王及公子书”，写出赵的急；“必移兵先击之”，写出秦的强；“魏王恐”，写出魏的怕。三个国家的力量对比，一目了然。

平原君使者冠盖相属于魏，让魏公子曰："胜所以自附为婚姻者，以公子之高义，为能急人之困。今邯郸旦暮降秦而魏救不至，安在公子能急人之困也！且公子纵轻胜，弃之降秦，独不怜公子姊邪？"

冠，是冠冕，盖，是车盖。平原君派到魏国的使者往来不绝，帽子和帽子碰到一起，车盖和车盖连成一片。一个画面，写出形势之急。整个赵国，现在处于存亡之际。平原君先是激将，说你信陵君不是及时雨吗？不是能救人于危难之时吗？现在赵国马上要亡了，魏国的救兵怎么还不到？接着打感情牌，说我赵胜的小命无足轻重，但是你不可怜可怜自己的姐姐吗？接连两个反问句，焦急、不安、哀求，全在这两句里。

公子患之，数请魏王，及宾客辩士说王万端。魏王畏秦，终不听公子。

魏无忌当然不能无动于衷，但是魏王却不为所动。态度不同，是因为立场不同。魏王怕，怕自己帮了赵国，秦国下一个灭的就是魏国。魏无忌用尽了所有手段，他"数请魏王"，他带着自己的门客"说王万端"，能做的，他都做了，他被逼得无路可走。也唯其如此，才有了下面的剧情。司马迁的写法完全符合现代电影编剧的法则——人物遇到危机，采取行动，危机并未解决，只能进行下一个行动。在一次又一次行动中，人物的精神世界被呈现出来，人物的光被逼出来。

公子自度终不能得之于王，计不独生而令赵亡，乃请宾客，约车骑百馀乘，欲以客往赴秦军，与赵俱死。

这里写信陵君的无奈。他劝说了魏王许多次，一定向魏王展示了他的谋划和策略，他也一定向魏王证明了，如果由他来带军，是可以击退秦军的。但越是如此，魏王就越不可能让他去救赵。相比起秦国，魏王更忌惮自己这个弟弟。他怕军权一旦落到信陵君手里，自己的地位就会受到威胁。魏无忌终于放弃了希望。但他不能允许赵国被灭，自己却苟活于世。他要做最后的努力，即便明知是飞蛾扑火，也要拼死一战。他带上自己的门客，去前线，和赵国共存亡。“与赵俱死”，写出了一种气度，一种超越生死的气度。

四

行过夷门，见侯生，具告所以欲死秦军状。辞决而行，侯生曰："公子勉之矣，老臣不能从。"公子行数里，心不快，曰："吾所以待侯生者备矣，天下莫不闻，今吾且死而侯生曾无一言半辞送我，我岂有所失哉？"复引车还，问侯生。

侯生出场。前面写侯生，不只为了写信陵君礼贤下士，其实还是为这里做准备。信陵君临走，到大梁东门和侯生告别，把要去前线赴死的事说了，这等于和侯生见最后一面。侯生说："你去吧，我就不去了。"这话让人听着别扭。信陵君一路走一路想，自己对侯生不错啊，全天下的人都知道，我这马上就要死了，他一句安慰的话都不说，是我哪儿做错了？于是调转车头，回到城门这里。

侯生笑曰："臣固知公子之还也。"曰："公子喜士，名闻天下。今有难，无他端而欲赴秦军，譬若以肉投馁虎，何功之有哉？尚安事客？然公子遇臣厚，公子往而臣不送，以是知公子恨之复返也。"公子再拜，因问。

这个"笑"写得好。"笑"，意味着侯生早就算到了，一切尽在掌握中。一个"笑"，让文章的节奏一下子放缓了。刚才还很紧张，马上就要去赴死了，现在侯生一"笑"，就知道有解决的办法了。侯生说："早知道你会回来。你现在有困难了，一点办法没有，带着人就往秦国的军队里冲，这就好比把肉扔到饿了的老虎面前，死路一条啊。你要是只有送死这一个办法，那还要我们这些人干什么？”这话说出了信陵君的心事。信陵君养门客三千，就是为了关键时候派上用场，现在可好，谁也想不出办法来。侯生接着说：“你对我好，你走了我却不送，我就知道你心里不舒服，肯定要回来。”这是说自己的心思。问题来了，既然侯生有办法，为什么刚才不直接说，非要弄这么一出，让信陵君去而复返？答案是，这办法危险，直接说了，信陵君未必听，必须要制造曲折，逼他一逼。任何东西，来得太容易了，人们大多不会珍惜。信陵君于是赶紧问，有什么办法。

侯生乃屏人间语，曰：“嬴闻晋鄙之兵符常在王卧内，而如姬最幸，出入王卧内，力能窃之。”

“屏人间语”，让旁边的人都退到一边，对信陵君小声说，四个字显得这条计策十分机密。侯生说要调军，就得有兵符。兵符在哪？在魏王卧室里。谁能出入魏王卧室？如姬。如姬是魏王最喜欢的女人，她去偷，一定能偷到。问题解决了，可怎么能保证如姬肯去偷兵符？于是交代前情。

“嬴闻如姬父为人所杀，如姬资之三年，自王以下欲求报其父仇，莫能得。如姬为公子泣，公子使客斩其仇头，敬进如姬。如姬之欲为公子死，无所辞，顾未有路耳。”

原来如姬的父亲被人杀了，如姬想报仇，结果一直找不到凶手。这里说“自王以下”，写众人无能，突显信陵君的本事——“公子使客斩其仇头”。信陵君对如姬有恩，如姬要报恩，万死不辞。于是这条计完美地成立了。这里有两个值得注意的地方。第一，是“客”。信陵君一生得力处，就在“客”这个字上。没有门客，就没法为如姬报仇。当初不报仇，现在如姬就不会去偷兵符。如姬不偷兵符，就救不了赵。第二，是两个“嬴闻”。一处是“嬴闻晋鄙之兵符常在王卧内”，一处是“嬴闻如姬父为人所杀”。两个“闻”，就足以看出侯嬴不是一个简单的看门人。不管在哪个时代，信息都很重要，尤其在古代，一条有用的信息往往价值千金。侯生其实暗中掌握了很多机密信息，这些信息在关键时候能派上大用场。

“公子诚一开口请如姬，如姬必许诺，则得虎符夺晋鄙军，北救赵而西却秦，此五霸之伐也。”公子从其计，请如姬。如姬果盗晋鄙兵符与公子。

侯嬴的计策，是让信陵君带兵“北救赵而西却秦”。他知道魏无忌有这个本事，他知道一旦这件事做成，魏国在各诸侯国中的威信会大增。魏国和赵国的关系进一步加深，秦国也不敢轻举妄动了。侯嬴说“此五霸之伐”，意思是信陵君能借此一役，成就春秋时五霸的功业。这和魏无忌单纯带着门客去赴死，就不在一个层次上了。慷慨赴死，的确令人感动，但终究还是匹夫之勇。死了，也就死了，对历史的进程没有丝毫影响。于是信陵君找到如姬，拿到兵符。但拿到兵符，仅仅是个开始，后面还有更危险的事要做。

五

> 公子行，侯生曰：“将在外，主令有所不受，以便国家。公子即合符，而晋鄙不授公子兵而复请之，事必危矣。臣客屠者朱亥可与俱，此人力士。晋鄙听，大善；不听，可使击之。”

侯生把所有可能性都考虑到了。“将在外，主令有所不受”，即便拿了兵符去，晋鄙也有可能不听指挥。如果晋鄙再向魏王报告这件事，就很危险了。魏王本来就对信陵君心存顾忌，这下好了，敢直接偷兵符，更坐实了魏王心里的猜疑。不但赵国救不了，信陵君也自身难保。所以晋鄙一旦不听，这个人就不能留了。前边写朱亥，是为这里做准备。朱亥是个大力士，可以充当杀手。

> 于是公子泣。侯生曰："公子畏死邪？何泣也？"公子曰："晋鄙嚄唶宿将，往恐不听，必当杀之，是以泣耳，岂畏死哉？"

信陵君哭了。这一哭，不是畏惧，不是胆怯，而是不忍心。"嚄唶宿将"，就是叱咤风云的老将。信陵君估计这次去，有八成的可能晋鄙不会听自己的，要是不听，他这条命就没了。晋鄙为魏国效力，有功无罪。杀一个无辜之人，信陵君不忍。魏无忌有仁爱之心，不够狠。换作是魏王，估计眼都不会眨一下。但是现在，不忍心也得去。已经是千钧一发之际，只能牺牲掉晋鄙的性命。

> 于是公子请朱亥。朱亥笑曰："臣乃市井鼓刀屠者，而公子亲数存之，所以不报谢者，以为小礼无所用。今公子有急，此乃臣效命之秋也。"遂与公子俱。

朱亥也是一条好汉，仿佛《水浒》中的人物。仗义每多屠狗辈。明明是危险的事，朱亥却"笑"，这一笑笑得好。侯嬴的笑，是运筹帷幄，是成竹在胸。朱亥的笑，是侠士的笑，是肝胆相照，是生死置之度外，是终于有机会报恩的爽快。朱亥说："我身份低微，不过是个市井里杀猪的，但是你信陵君却多次来看望我。我不报答，是觉得一般的东西没意思。现在你有困难，用得上我这条命，我就豁出去了。”对他来说，命就是最宝贵的东西，他愿意拿命来报答信陵君。几句话，这个人物就立住了。比之豫让、荆轲，朱亥也毫不逊色。

公子过谢侯生。侯生曰：“臣宜从，老不能。请数公子行日，以至晋鄙军之日，北乡自刭，以送公子。”公子遂行。

临走前，信陵君拜别侯生。侯生说：“我老啦，走不动了。我会在这里计算着你去的日子。你到晋鄙军中那天，我会用这条命来给你壮行。”

这里有一个问题，侯生为什么要死，他可以不死吗？他死的意义是什么？

我觉得主要有三点。

第一，晋鄙是一个忠臣，是一位良将，是无罪之人。但是，无罪之人现在却要被杀死。为了能让信陵君去救赵，晋鄙非死不可。还有别的办法吗？没了。前面说过，信陵君“数请魏王”，与门客“说王万端”，能想的办法都想过了，但是没用。这是被逼无奈之举。这条计策是谁献的？是他侯嬴。也就是说，晋鄙这条人命，应该算在他侯嬴身上。侯嬴用自杀的方式，把晋鄙这条命背在了自己身上，其实是为了减轻信陵君的负罪感。

第二，侯嬴知道，信陵君仁慈，临到跟前，很可能下不了死手。如果那样，就功亏一篑了。赵国完了，信陵君也完了。侯嬴不想看到那样的局面。侯嬴想用自己的死，来坚定信陵君的决心。自己一死，信陵君就没有退路了，只能硬着头皮往前，不然，自己就白死了。

第三，侯嬴已经七十了，他知道自己其实时日无多。在人生的最后时刻，能遇见一个真心赏识自己的人，侯嬴觉得，这辈子值了。他能为信陵君献上这一计，救信陵君于急难之中，他觉得人生已经没有什么遗憾了，他可以从容地走向死亡。

> 至邺，矫魏王令代晋鄙。晋鄙合符，疑之，举手视公子曰："今吾拥十万之众，屯于境上，国之重任，今单车来代之，何如哉？"欲无听。朱亥袖四十斤铁椎，椎杀晋鄙，公子遂将晋鄙军。

到了邺地，信陵君拿出兵符，晋鄙果然有所怀疑，他不准备听信陵君的号令。朱亥早有准备，他在袖子里藏了一个四十斤的大铁锤。说时迟那时快，朱亥直接用铁锤砸死了晋鄙。一切都在侯生的预料之中。信陵君于是开始号令这里的十万大军。

> 勒兵下令军中曰："父子俱在军中，父归；兄弟俱在军中，兄归；独子无兄弟，归养。"

信陵君下令："父亲和儿子都在军中的，父亲回去；哥哥和弟弟都在军中的，哥哥回去；是家里独生子的，回去供养父母。”信陵君知道这一仗凶险，很多人上了战场很可能回不去了。信陵君仁慈，不忍心看着许多家庭就此破碎。同时这样也是把最精壮的士兵挑选出来，提高军队的战斗力。

得选兵八万人，进兵击秦军。秦军解去，遂救邯郸，存赵。

秦军够强大，但魏无忌凭着一己之力，还是击退了强秦。危机至此解除。邯郸保住了。赵国保住了。赵国上上下下对魏无忌感恩戴德。魏无忌这一仗打得也确实大快人心。只不过，赢了这一仗的魏无忌，要如何面对他哥哥安釐王？他还回得去魏国吗？他最终的结局又会如何？

我们下回再说。

英雄失路：

《魏公子列传》（二）

一

打败秦军那一刻，魏无忌的心情应该是复杂的，大概喜忧参半吧，有可能忧还会多一些。喜在于这场仗打赢了。毕竟帮了赵国一把，一个国家算是保住了。但偷了兵符，杀了一个无辜的老将，夺了兵权，在魏王眼里他成了罪人、定时炸弹。回到魏国，他如何自处？他内心一定很纠结。

赵王及平原君自迎公子于界，平原君负韊矢为公子先引。赵王再拜曰："自古贤人未有及公子者也。"当此之时，平原君不敢自比于人。

赵王和平原君亲自迎接魏无忌。矢，是弓箭。韊，是箭袋。平原君背着箭袋和弓箭在前面引路，表示极为恭敬。赵王客气得很，说从古到今，再没有一个贤人能比得上你信陵君了。平原君也甘拜下风，不敢拿自己和信陵君比。

公子与侯生决，至军，侯生果北乡自刭。

交代侯嬴结局。当初说要自杀为公子送行，不是假话。

魏王怒公子之盗其兵符，矫杀晋鄙，公子亦自知也。已却秦存赵，使将将其军归魏，而公子独与客留赵。

可以想到魏王的反应。自己最爱的姬妾，每天和自己同床共枕的人，结果为信陵君去偷兵符，自己身边还有谁可以信任？魏王内心一定感到悲凉，同时愤怒。今天可以偷兵符，下一次，是不是可以直接取走我的性命？杀大将，夺兵权，下一步是什么？魏无忌是个聪明人。他知道哥哥对自己的忌惮，他知道这次闯了大祸，他知道如果回到魏国，自己将面临九死一生的危险。他只能留在赵国，这是他现在最好的归宿。

赵孝成王德公子之矫夺晋鄙兵而存赵，乃与平原君计，以五城封公子。公子闻之，意骄矜而有自功之色。

司马迁写人，不虚美，不隐恶，他写的是，人，真实的人。他写魏无忌，写他礼贤下士，写他不顾生死，但也写他“意骄矜而有自功之色”。这一笔写得好。这一笔不会让我们觉得魏无忌讨厌，只会让我们体会到，他也是常人。常人在经受大量赞美的时候，会不自觉地骄傲、得意。信陵君也不例外。他觉得这次自己立了大功，是赵国的恩人，人家给自己五座城是应该的。

客有说公子曰："物有不可忘，或有不可不忘。夫人有德于公子，公子不可忘也；公子有德于人，愿公子忘之也。且矫魏王令，夺晋鄙兵以救赵，于赵则有功矣，于魏则未为忠臣也。公子乃自骄而功之，窃为公子不取也。"于是公子立自责，似若无所容者。

请注意，"客"出现了。前面说过，信陵君一生得力处，就在于"客"。对现在的信陵君来说，"客"就是一面镜子。客说："人这一辈子，有不能忘的事，有不能不忘的事。人家对你有恩，这事不能忘；你对别人有恩，这事就不能不忘。你夺兵救赵，这事儿对赵，有功，但是对魏，你算不上忠臣。你现在这个得意劲儿，我可看不上。"信陵君一听，立马明白过来，恨不得找个地缝钻进去。这是信陵君厉害的地方。谁都有犯错的时候，但不是谁都愿意改错。我们每个人这一生都会听到别人无数的建议，但不是每个人都能听进去。良药苦口，忠言逆耳，有些话难听，但有用。后边我们会讲到刘邦，刘邦极其崇拜信陵君。说到底，他们俩其实是一种人，都是那种能借助别人的力量，帮自己成事儿的人，都是那种能听进去别人话的人。这其实很难。

赵王埽除自迎，执主人之礼，引公子就西阶。公子侧行辞让，从东阶上。自言罪过，以负于魏，无功于赵。赵王侍酒至暮，口不忍献五城，以公子退让也。公子竟留赵。赵王以鄗为公子汤沐邑，魏亦复以信陵奉公子。公子留赵。

赵王请客。按照礼节，主人请客，主人从东边的台阶上，客人从西边的台阶上，表示礼貌。赵王让信陵君走西边，信陵君推辞，非得从东边走。赵王本来要把五座城送给魏无忌，结果一顿饭吃下来，这话愣是没说出口。是赵王抠门，舍不得吗？不是。是信陵君一直说自己有罪无功，一直推辞，搞得赵王都不好意思了，话到嘴边了但是说不出口。最后没办法，把鄗封给信陵君做汤沐邑。

二

公子闻赵有处士毛公藏于博徒，薛公藏于卖浆家，公子欲见两人，两人自匿不肯见公子。公子闻所在，乃间步往从此两人游，甚欢。

魏无忌留在赵国做的第一件事，是寻找人才。在魏国，他能打听到一个看大门的老头儿有本事，他能和杀猪的做朋友。到了赵国，他立马去寻找藏在一群赌鬼中间的毛先生，和藏在一个小酒馆里的薛先生。结果这两个人也是隐士，压根儿不想出来做事，听说有人找，赶紧躲起来，不见。但是按照信陵君的脾气，只要是人才，掘地三尺也得把你挖出来。于是他偷偷打听到两个人的住处，悄悄去拜访。结果一见如故，相谈甚欢。魏无忌深知人才的重要性。一个有本事的人，可抵雄师百万。遇到难题，魏无忌从来不需要自己亲自动手，总有人来帮他解决。他需要做的，就是寻找更多这样的人。

> 平原君闻之，谓其夫人曰："始吾闻夫人弟公子天下无双，今吾闻之，乃妄从博徒卖浆者游，公子妄人耳。"

这里借平原君来表现信陵君，两个人高下立见。司马迁不会明确地说哪一个人好，哪一个人不好。但是在字里行间，他有他的态度在。司马迁其实不喜欢平原君赵胜。他觉得赵胜这个人简直是个"瞎子"，完全看不出来哪个人是真有本事。他养士，纯粹是为了虚名。在《平原君虞卿列传》里，毛遂在他门下待了那么长时间，他都没有发现这人是个人才。这里也是，信陵君一来到赵国，就知道毛公、薛公厉害，赵胜在赵国待了这么多年，压根儿没发现。而且听说这件事之后，还笑话魏无忌，说他每天和赌鬼、酒鬼一块儿玩，真是徒有虚名。赵胜，太可笑了。

> 夫人以告公子。公子乃谢夫人去，曰："始吾闻平原君贤，故负魏王而救赵，以称平原君。平原君之游，徒豪举

耳，不求士也。无忌自在大梁时，常闻此两人贤，至赵，恐不得见。以无忌从之游，尚恐其不我欲也，今平原君乃以为羞，其不足从游。”乃装为去。

平原君的夫人，也就是魏无忌的姐姐，把平原君的话和魏无忌说了。魏无忌一听，心里有数了。他知道赵胜这人确实一般。他说：“我当初是听说平原君贤能，才巴巴地跑过来救赵国。现在一看，平原君养士，只是装装样子，徒有虚名，不是真喜欢人才。”“徒豪举耳”，一句话，点破赵胜养士的实质，纯粹是做给别人看的。请注意，魏无忌不是到了赵国，才知道有毛公、薛公这两个人，“无忌自在大梁时，常闻此两人贤”，他在魏国就已经知道这两个人了。由此可见，他平时处处留意各国的人才，巴不得天下的人才都为自己所用。而且他的态度极其谦卑，他说“恐不得见”“尚恐其不我欲也”，用了两个“恐”，是诚心诚意，不是虚情假套。他觉得赵胜这人不值得交往，于是收拾行李准备走。

夫人具以语平原君。平原君乃免冠谢，固留公子。平原君门下闻之，半去平原君归公子，天下士复往归公子，公子倾平原君客。

夫人把弟弟的原话告诉了赵胜。赵胜一听，赶紧登门赔罪，挽留信陵君。他直到现在，也只是害怕魏无忌离开，没有意识到毛公、薛公是有用的人才。平原君的门客听说这件事，多半都改换门庭，投靠魏无忌去了。不只是平原君的门客，司马迁这里说“天下士复往归公子”。不管是在魏国，还是在赵国，“信陵君”这三个字本身就是一面旗帜，具有强大的号召力和吸引力。

三

公子留赵十年不归。秦闻公子在赵，日夜出兵东伐魏。魏王患之，使使往请公子。公子恐其怒之，乃诫门下：“有敢为魏王使通者，死。”宾客皆背魏之赵，莫敢劝公子归。

魏无忌在赵国待了整整十年。秦国一听说魏无忌在赵国，赶紧出兵打魏国。在《魏公子列传》的开头，司马迁说“当是时，诸侯以公子贤，多客，不敢加兵谋魏十馀年”，这里说“秦闻公子在赵，日夜出兵东伐魏”，两处放在一起看，足以看出魏无忌之于魏国的重要性。信陵君就像是魏国的定海神针，有他在，别的国家就不敢拿魏国怎么样。魏王也意识到了这一点，于是派人去请魏无忌回来。但是魏无忌还是怕。前面说“魏王怒公子之盗其兵符，矫杀晋鄙，公子亦自知也”，魏无忌怕自己一回到魏国，就会遭遇不测。他告诫门客，谁要是再替魏国的使者传信，死。

大家当初也都是跟着信陵君从魏国跑到赵国来的，所以没人敢劝他回去。

> 毛公、薛公两人往见公子曰："公子所以重于赵，名闻诸侯者，徒以有魏也。今秦攻魏，魏急而公子不恤，使秦破大梁而夷先王之宗庙，公子当何面目立天下乎？"语未及卒，公子立变色，告车趣驾归救魏。

前面写毛公、薛公，是为这里做准备。要想说动一个人，就要找到他最在乎的东西。魏无忌最在乎的，是魏国。毛公、薛公厉害，没有长篇大论，单刀直入，直击要害：魏国亡了，你魏无忌有何颜面立于天下？话还没说完，魏无忌立马变了脸色，赶紧让人备车，回魏国！毛公、薛公同样是"客"，"客"的重要性再一次凸显。门客的作用，就是帮魏无忌出主意、解决问题、纠偏。魏无忌永远不是一个人在面对人世间的种种难题，他身后是一支强大的队伍，他有自己的智库。

> 魏王见公子，相与泣，而以上将军印授公子，公子遂将。

魏王见了信陵君，哭了。是啜泣，还是大哭，司马迁没写。我估计是大哭，嚎啕大哭。这个"泣"太值得琢磨了。这里头有真情吗？有。毕竟是亲兄弟，十年没见了，相拥而泣，很正常。但这里头表演的成分恐怕更大。魏王知道信陵君这人仁厚、重感情，自己这几滴眼泪，就足以让他放下戒备，尽弃前嫌，死心塌地为魏国效力。他知道自己这一哭，魏国就算是保住了。之前死活不给信陵君兵权，现在好了，直接把上将军印给他，所有军队，听你调遣。

魏安釐王三十年，公子使使遍告诸侯。诸侯闻公子将，各遣将将兵救魏。公子率五国之兵破秦军于河外，走蒙骜。遂乘胜逐秦军至函谷关，抑秦兵，秦兵不敢出。

魏安釐王三十年，也就是公元前247年。这一年，嬴政还没即位。距离秦国统一六国，还有二十六年。这是战国时期最后一次成功的合纵。在魏无忌的率领下，诸侯大破秦军，一直把秦军打到了函谷关。“抑秦兵，秦兵不敢出”，这八个字真是写出了一种气势。这种气势很久没见到了。秦国横行多年，打得各个国家毫无招架之力。然而这个叫魏无忌的人再次唤起了各国将士的豪情壮志，把秦军打得落花流水。只不过，个人的力量始终无法阻挡历史前进的车轮，这次合纵，似乎是夕阳落下前最后的余晖，闪耀却短暂。

当是时，公子威振天下，诸侯之客进兵法，公子皆名之，故世俗称《魏公子兵法》。

魏无忌的名字传遍各国，诸侯的门客争相向信陵君进献兵法。信陵君来者不拒，编纂成书，世称《魏公子兵法》。如果信陵君的生命结束在这个节点上，他这一生应该是完满的——救赵存魏，打退强秦，威震天下——然而历史没有如果，他的人生，注定有一个苍凉的结尾。

四

秦王患之，乃行金万斤于魏，求晋鄙客，令毁公子于魏王曰："公子亡在外十年矣，今为魏将，诸侯将皆属，诸侯徒闻魏公子，不闻魏王。公子亦欲因此时定南面而王，诸侯畏公子之威，方欲共立之。"

秦国知道，要想打败各国，第一件事，就是除掉信陵君。这个思路我们在《田单列传》里也讲过，当时田单死守即墨，面对强大的燕军，首先要做的，就是除掉对方的将领乐毅。像田单当时用的计策一样，秦国也用起了反间计。能除掉信陵君的，只有魏王。魏王对信陵君的猜忌，就像是刚即位的燕王对乐毅的猜忌，他们都怕手握兵权的有功之臣自立为王。日光之下无新事，历史总是在重复自身。想要加深魏王的猜忌，只需要找人散布谣言。谁愿意来做这件事？当然是和信陵君有仇的人。谁和信陵君有仇？答案是，晋鄙的门人。至于如何说动他们，无非是再加点钱的事。人嘛，有时候也并不复杂。于是，一切都顺理成章。魏王当然很容易就相信了这些谣言，因为，他从来都是这么想的。

秦数使反间，伪贺公子得立为魏王未也。魏王日闻其毁，不能不信，后果使人代公子将。

秦国天天派间谍去假装祝贺信陵君，问他是不是已经立为魏王了。一次两次的还无所谓，架不住有人天天这么说。魏王本来就猜忌信陵君，这下由不得他不信了。秦国不费一兵一卒，轻轻松松让魏王解除了信陵君的兵权。

公子自知再以毁废，乃谢病不朝，与宾客为长夜饮，饮醇酒，多近妇女。

信陵君知道，自己不会得到魏王的信任了。这个“再”写得让人心酸。前面司马迁说：“是后魏王畏公子之贤能，不敢任公子以国政。”一个人，被自己的亲哥哥不断地怀疑。魏无忌觉得失望。“我本将心向明月，奈何明月照沟渠。”他决定不再理会国家大事。他每天和宾客喝酒，通宵达旦地喝。他躲进酒里。酒的世界没有猜疑、争斗，酒能让人忘记人世的忧愁。即便他曾经雄心万丈，此刻也心灰意冷。他一生中对无数人有知遇之恩，从市井中识别出了无数有才能的人。然而他自己的一身本事，却无人赏识。一把闪着寒光的宝剑，从此就生了锈。

日夜为乐饮者四岁，竟病酒而卒。

四年之后，魏无忌因为酗酒，离开了这个世界。“竟病酒而卒”，这五个字里有无限凄凉。

其岁，魏安釐王亦薨。

秦闻公子死，使蒙骜攻魏，拔二十城，初置东郡。其后秦稍蚕食魏，十八岁而虏魏王，屠大梁。

这一年，魏王也去世了。按理说，司马迁这篇传记是《魏公子列传》，写到信陵君去世就可以了，但司马迁在后面继续写魏国的命运。秦国听说信陵君去世了，迫不及待地攻打魏国，一举拿下二十座城。之后慢慢蚕食，直到十八年后，彻底灭掉魏国。司马迁的用意很简单。他想说，魏国的命运，和信陵君息息相关。信陵君就像魏国的柱子，这根柱子倒了，魏国也就离崩塌不远了。

高祖始微少时，数闻公子贤。及即天子位，每过大梁，常祠公子。高祖十二年，从击黥布还，为公子置守冢五家，世世岁以四时奉祠公子。

司马迁最后写刘邦对魏无忌的崇拜。每次经过大梁，刘邦一定要去祭拜信陵君。前面说过，刘邦和信陵君本质上是一种人。或者说，刘邦在信陵君身上，学会了用人。毕竟，没有一个人是全能的。这也是刘邦和项羽的区别——刘邦身后，是一支队伍；而项羽，只是一个独夫。

太史公曰：吾过大梁之墟，求问其所谓夷门。夷门者，城之东门也。天下诸公子亦有喜士者矣，然信陵君之接岩穴隐者，不耻下交，有以也。名冠诸侯，不虚耳。高祖每过之而令民奉祠不绝也。

司马迁说自己曾经去过大梁，在一片废墟里，司马迁问当地的人哪里是夷门。当地的人告诉他，夷门，就是城的东门。读这段话会让人觉得很感动，仿佛看到了两千多年前司马迁的身影。他站在大梁的东门那里，想象着信陵君曾经在这里接那个叫侯嬴的老人上车。科幻小说里会写到时空隧道，我有时候觉得，文字其实就是一条时空隧道。司马迁通过文字，来到了信陵君面前。而我们通过读司马迁的文字，又仿佛来到司马迁面前。一代一代的人，通过文字对话，时间仿佛消失了。

司马迁在这里赞美信陵君“喜士”“不耻下交”，这确实是信陵君厉害的地方。整篇《魏公子列传》，“客”是贯穿始终的线索。打听赵王隐私的，是客；替如姬报仇的，是客；想出窃符计策的，是客；杀晋鄙的，是客；劝信陵君不要得意的，是客；劝信陵君回魏国的，是客；进献兵法的，是客。信陵君把所有人的力量，转移到自己身上，了不起。

司马迁对信陵君也确实偏爱，全文一共用了147次“公子”，足见敬重。最后司马迁的结论是“名冠诸侯，不虚耳”，这是心里话。

被选中的刺杀者：

《刺客列传》(一)

一

记录历史，其实是一种选择，选择那些值得被写下的人。选择的背后，是态度，对待人、对待生命的态度。在司马迁眼里，历史不只是帝王将相的历史，也不只是成功者的历史。历史容纳的范围应该更广，历史可以包容失败。所以司马迁写下荆轲。

> 荆轲者，卫人也。其先乃齐人，徙于卫，卫人谓之庆卿。而之燕，燕人谓之荆卿。
>
> 荆卿好读书击剑，以术说卫元君，卫元君不用。其后秦伐魏，置东郡，徙卫元君之支属于野王。

交代身世。荆轲原本是卫国人，游说卫元君，卫元君不拿他当回事儿。司马迁写蔺相如，写他是个太监的门客，“素贱人”；写田单，写他是个市场小吏，“不见知”；写荆轲，写“卫元君不用”。这个世界上其实不缺人才，只不过人才常常被埋在尘土里。这里说“荆卿好读书击剑”，“读书”放在“击剑”之前，说明不是把荆轲单纯当一个侠士、剑客来写，荆轲本身有更大的抱负。

他在卫国被称作“庆卿”，到了燕国，被称作“荆卿”。“卿”是男子的美称，不管在哪，都有美誉，说明这个人确实不错。

荆轲尝游过榆次，与盖聂论剑，盖聂怒而目之。荆轲出，人或言复召荆卿。盖聂曰：“曩者吾与论剑有不称者，吾目之；试往，是宜去，不敢留。”使使往之主人，荆卿则已驾而去榆次矣。使者还报，盖聂曰：“固去也，吾曩者目摄之！”

荆轲曾和盖聂讨论剑术。盖聂剑术高明，是大侠，荆轲剑术恐怕不精，所以两个人谈不到一块儿去。盖聂生气了，拿眼睛瞪荆轲。荆轲赶紧溜走。别人劝盖聂把荆轲再叫回来。盖聂说：“刚才那小子谈剑法谈不到点子上去，我瞪了他一眼，估计这会儿已经跑了。”司马迁把盖聂的语言写得很生动，一看就是江湖人士说的话，直来直去、粗鲁、没有修饰，好像还有一股酒气。别人去找荆轲，果然已经跑了。这里写盖聂豪壮，写荆轲怯懦，把荆轲使劲往矮了写。

荆轲游于邯郸，鲁句践与荆轲博，争道，鲁句践怒而叱之，荆轲嘿而逃去，遂不复会。

荆轲和鲁句践下棋，在棋盘上争起来了。鲁句践生气了，

“怒而叱之”，大声吼荆轲。荆轲“嘿而逃去”，“嘿”就是“默”，一句话不敢说，赶紧溜。接连两番，写荆轲胆小，简直没有一点大侠的气概。其实不是写荆轲胆小，是写他懂得“藏”。蔺相如躲廉颇，韩信忍胯下之辱，和这里荆轲逃走，本质上是一样的。遇到盖聂、鲁句践这样的人，谈得来，就谈，两句话之后，谈不来，那就走，多余的话一句不肯说。对荆轲来说，冲突毫无价值，他在等知己。酒逢知己，千杯少。

> 荆轲既至燕，爱燕之狗屠及善击筑者高渐离。荆轲嗜酒，日与狗屠及高渐离饮于燕市，酒酣以往，高渐离击筑，荆轲和而歌于市中，相乐也，已而相泣，旁若无人者。

到了燕国，果然遇到知己，一个是杀狗的，另一个是击筑的，叫高渐离。筑，是一种乐器。荆轲喜欢喝酒，每天和这两个人在燕国的市集上喝，喝着喝着几个人就喝大了。于是高渐离在一边击筑，荆轲在一边唱歌，高兴得不得了。“已而相泣”，这四个字放在这里太好了。高兴之余，悲从中来，于是放声大哭。眼泪是不能随便流的。在不懂自己的人面前流泪，就白流了。只有在知己面前，才可以无所顾忌，才可以旁若无人、奋不顾身地大哭一场。人生总是有很多伤心事，司马迁没有具体写那些愁肠百结，写那些肝肠寸断。很显然，荆轲是一个有才华、有抱负的人，但是他现在没有舞台去施展自己的本事，他应该有很多不甘。

> 荆轲虽游于酒人乎，然其为人沈深好书；其所游诸侯，尽与其贤豪长者相结。其之燕，燕之处士田光先生亦善待之，知其非庸人也。

司马迁用一个“虽”、一个“然”，提醒我们，荆轲不是个酒鬼，他只是暂时没有得到机会。他“沈深好书”，再次点出他喜欢读书。每到一个地方，他都和当地的“贤豪长者”相交。燕国的田光先生“知其非庸人也”。几句话，把荆轲好好赞扬了一番。其实在荆轲出场的这一大段里，司马迁压根儿就没把荆轲往侠士、刺客的路子上写。到此为止，荆轲没有表现出在剑术上的过人才华。他和盖聂讨论剑法，人家觉得他说的根本就没道理。但是司马迁反复写他“好读书”“沈深好书”。司马迁想写他是一个有大谋略的人，但是这样一个人，最终成了一名刺客。历史似乎在和荆轲开玩笑。

二

> 居顷之，会燕太子丹质秦亡归燕。燕太子丹者，故尝

质于赵，而秦王政生于赵，其少时与丹欢。及政立为秦王，而丹质于秦。秦王之遇燕太子丹不善，故丹怨而亡归。归而求为报秦王者，国小，力不能。

荆轲暂时撂下，这里写燕太子丹往事，为后面写荆轲刺秦铺垫。燕太子丹从前在赵国做人质，那时候正好嬴政也在赵国。两个人年轻的时候一块玩，关系很好。后来嬴政回秦国做了秦王，太子丹在秦国做人质，两个人的关系就变味了。小的时候没那么多杂七杂八的想法，人一大了，想的事就复杂了，人和人的交往就没法像过去那么纯粹。太子丹觉得嬴政对自己不好，心里边有怨气，于是偷偷从秦国逃回燕国。一回去，立马找人，要报仇。注意，这里纯粹是为了报私仇，和整个国家关系不大。问题是燕国太小，又很弱，找不到报仇的人。

其后秦日出兵山东以伐齐、楚、三晋，稍蚕食诸侯，且至于燕，燕君臣皆恐祸之至。太子丹患之，问其傅鞠武。武对曰："秦地遍天下，威胁韩、魏、赵氏，北有甘泉、谷口之固，南有泾、渭之沃，擅巴、汉之饶，右陇、蜀之山，左关、殽之险，民众而士厉，兵革有馀。意有所出，则长城之南，易水以北，未有所定也。奈何以见陵之怨，欲批其逆鳞哉！"丹曰："然则何由？"对曰："请入图之。"

这时候是战国末期，离嬴政完成他的统一大业已经没有几年了。各国被秦国打得差不多了，基本上没有哪个国家能再和秦国一战。燕国虽然离秦国比较远，但也觉得害怕，怕秦国马上就打到自己家门口。一个“恐”，一个“患”，写出燕国上下的不安。《魏公子列传》的开头，魏王和信陵君也“患”，但是因为有信陵君在，魏国还硬撑了很长时间。燕国就没有这样的人。太子丹愁啊，问太傅鞠武怎么办。鞠武吧啦吧啦说了一大堆，总结起来就一句话：秦国太强了，我们打不过。请注意，鞠武最后说的一句话是：“奈何以见陵之怨，欲批其逆鳞哉！”据说龙的脖子上长了一块逆鳞，谁要是动了，就会把它给惹火。鞠武的话翻译过来就是：你可千万不要因为被人家欺负了，就去惹人家啊。从这句话推断，太子丹问鞠武的，压根儿就不是燕国怎么应对秦国的问题，其实还是他那点儿小恩怨。他应该也把自己想找人杀秦王的话对鞠武说了，鞠武这才会劝他：别别别，千万别动。太子丹急啊，问鞠武：“那怎么办？”鞠武说：“从长计议。”

居有间，秦将樊於期得罪于秦王，亡之燕，太子受而舍之。鞠武谏曰：“不可。夫以秦王之暴而积怒于燕，足为寒心，又况闻樊将军之所在乎？是谓‘委肉当饿虎之蹊’也，祸必不振矣！虽有管、晏，不能为之谋也。愿太子疾遣樊将军入匈奴以灭口。请西约三晋，南连齐、楚，北购于单于，其后乃可图也。”

出现了一个新人物，樊於期。樊於期是秦国的将领，但因为得罪了秦王，逃到燕国。樊於期过去和太子丹关系不错，太子丹就收留了他。鞠武说话了：“不行啊，秦国本来对燕国就有意见，你现在收留了樊於期，就相当于收留了一颗定时炸弹。你这是主动给秦国提供了一个攻打你的借口啊。你这是直接把肉往饿虎跟前送啊。不行不行不行，赶紧把樊於期送走，送到匈奴那边去。”鞠武的话句句在理。接下来他又提出了保全燕国的重要战略：和大国结盟。西边和韩、赵、魏搞好关系，南边和齐、楚搞好关系，北边和匈奴搞好关系。应该说，鞠武的谋划是完全正确的。单靠一个国家，哪一个国家都没有实力和秦国对抗。现在只有一条路：抱团。当大家都团结起来，秦国就拿我们没办法。对燕国来说，和西、南、北三边的国家搞好关系，燕国就相当于多了三面屏障。有了这三道屏障，燕国就安全了。鞠武说的有道理吗？有。太子丹会听吗？不会。明明有道理，为什么不听？考虑问题的立场不一样。鞠武是站在整个国家的角度来考虑问题，但是太子丹，只是站在他个人的角度。他收留樊於期，是因为他和樊於期关系好；他想杀嬴政，是因为他在秦国受了欺负。他所有行动的出发点，都是个人恩怨。一旦这样想问题，燕国，就很危险了。

太子曰：“太傅之计，旷日弥久，心惛然，恐不能须臾。且非独于此也，夫樊将军穷困于天下，归身于丹，丹终不以迫于强秦而弃所哀怜之交，置之匈奴，是固丹命卒之时也。愿太傅更虑之。”

作为领导者，太子丹有两个致命弱点。第一个，就是前面说的，只从个人的立场去考虑问题，不顾全大局。他不愿意把樊於期交出去，完全把个人的情感凌驾于国家利益之上。他的话说得很坚决：“要想把樊於期交给匈奴，除非是我死了。”第二个弱点，就是着急。他没有耐心，凡事只想立即解决。他觉得鞠武的规划耗时太长了，自己等不了，他想现在立马就去报仇。

鞠武曰：“夫行危欲求安，造祸而求福，计浅而怨深，连结一人之后交，不顾国家之大害，此所谓‘资怨而助祸’矣。夫以鸿毛燎于炉炭之上，必无事矣。且以雕鸷之秦，行怨暴之怒，岂足道哉！燕有田光先生，其为人智深而勇沈，可与谋。”太子曰：“愿因太傅而得交于田先生，可乎？”鞠武曰：“敬诺。”

鞠武的心已经凉了，他觉得燕国没戏了，他说：“你现在的做法，就好比是把一根羽毛放在炉火上。转眼之间，这根羽毛就会被烧得一干二净。”鞠武的意思是，燕国，就是这根羽毛，秦，就是正在燃烧的火焰。鞠武预见燕国将会有大祸来临，但他现在还抱有一线希望。尽管这希望微乎其微，但他还是愿意试一试。

他要给太子丹推荐一个人，那个人叫田光。前面写田光认为荆轲不是普通人，是为这里做准备。鞠武推荐田光，说明鞠武认为田光的本事在自己之上。田光后来推荐荆轲，说明田光觉得荆轲的本事在自己之上。由此可见，荆轲绝不是泛泛之辈。

三

> 出见田先生，道“太子愿图国事于先生也”。田光曰：“敬奉教。”乃造焉。
>
> 太子逢迎，却行为导，跪而蔽席。田光坐定，左右无人，太子避席而请曰：“燕秦不两立，愿先生留意也。”田光曰：“臣闻骐骥盛壮之时，一日而驰千里；至其衰老，驽马先之。今太子闻光盛壮之时，不知臣精已消亡矣。虽然，光不敢以图国事，所善荆卿可使也。”

太子丹见到田光，非常恭敬，说想和田光商量一下国家大事。“左右无人”，写出太子丹要说的事极其机密。《魏公子列传》里，侯嬴要交代信陵君偷兵符的事，也是“屏人间语”，说悄悄话。田光说：“我老啦，不行啦。年轻的时候我还行，你听说的我，是年轻时候的我。现在的我，不行啦。但是我虽然不行，有一个人行，那个人叫荆轲。”请注意这里田光用的词，是“国事”。他觉得荆轲是可以谋划国家大事的，他不是仅仅给太子丹推荐了一个刺客。至此，荆轲和太子丹这两条叙事线汇合到了一起。

> 太子曰："愿因先生得结交于荆卿，可乎？"田光曰："敬诺。"即起，趋出。太子送至门，戒曰："丹所报，先生所言者，国之大事也，愿先生勿泄也！"田光俛而笑曰："诺。"

太子丹一听，觉得太好了，那就赶紧见一见这个荆轲吧。但是临走前不放心，再三嘱托田光，今天咱们说的话可都是国家大事，千万不能泄露出去。司马迁写田光"俛而笑"，这个"笑"非常有意味。田光觉得，自己没有得到太子丹的信任。他在心里一声长叹，但他并没有显露在脸上，他仍然是"笑"对太子丹，但这个"笑"很苦涩。他想要自杀的念头，已经藏在了这个"笑"里。

> 偻行见荆卿，曰："光与子相善，燕国莫不知。今太子闻光壮盛之时，不知吾形已不逮也，幸而教之曰'燕秦不两立，愿先生留意也'。光窃不自外，言足下于太子也，愿足下过太子于宫。"荆轲曰："谨奉教。"

"偻行"，就是弓着腰，和前面讲的"精已消亡"、后面讲的"形已不逮"相呼应，说明田光确实很老，不能再干什么了。田光见到荆轲，把太子丹的意思向荆轲说了。这个时候，荆轲是愿意去见太子丹的。他其实很感激田光。田光的推荐，让他获得了一个机会，他有可能通过这个机会，施展自己的才华。

田光曰："吾闻之，长者为行，不使人疑之。今太子告光曰'所言者，国之大事也，愿先生勿泄'，是太子疑光也。夫为行而使人疑之，非节侠也。"欲自杀以激荆卿，曰："愿足下急过太子，言光已死，明不言也。"因遂自刎而死。

太子丹的一句话，让田光心里过不去。太子说那句话，明显就是不相信自己。他觉得自己让人怀疑，是一件羞耻的事情，于是他决定自杀。他的自杀有三层含义。第一，让太子丹安心。他们谈论的是国家大事，涉及很多机密。是秘密，就有外泄的可能。只有一种人不会泄露秘密，那就是死人。第二，通过死向太子丹证明，自己品行无亏，清清白白。第三，向太子丹证明荆轲的重要性，同时激励荆轲为国效力。田光的意思是，这个人，是自己用生命推荐的，值得信任。田光的死和侯嬴的死有相似的地方，这两个人都了不起。

四

荆轲遂见太子，言田光已死，致光之言。太子再拜而跪，膝行流涕，有顷而后言曰："丹所以诫田先生毋言者，欲以成大事之谋也。今田先生以死明不言，岂丹之心哉！"

荆轲见到太子丹，告诉他田光已经死了，并且把田光临死前的话转达给他。太子丹是一个坏人吗？显然不是。当他听到田光自杀的消息，非常难过。司马迁说他“再拜而跪”“膝行流涕”，这些行为不是装出来的，都是发自内心的。他觉得很心痛，他其实根本没想让田光死。

荆轲坐定，太子避席顿首曰："田先生不知丹之不肖，使得至前，敢有所道，此天之所以哀燕而不弃其孤也。今秦有贪利之心，而欲不可足也。非尽天下之地，臣海内之王者，其意不厌。今秦已虏韩王，尽纳其地。又举兵南伐楚，北临赵；王翦将数十万之众距漳、邺，而李信出太原、云中。赵不能支秦，必入臣，入臣则祸至燕。燕小弱，数困于兵，今计举国不足以当秦。诸侯服秦，莫敢合从。"

接下来，两个人开始谈正事。太子丹先讲现在面临的形势。现在的情况是，秦国一定要吞并天下才肯罢休，这是不可阻挡的。秦国已经灭了韩国了，现在又准备攻打楚国和赵国。这两个国家实力都大不如前，赵国很快就会被灭了。赵国一亡，燕国西边就没有屏障了，非常危险。燕国本来就弱小，现在举全国之力防御，也抵挡不了秦。这说的都是实话。如果太子丹只说到这儿，接下来问荆轲怎么办，或许历史又会是另一番样子。但是对不起，除了从个人立场考虑问题和没有耐心之外，太子丹还有另一个领导者致命的弱点：一意孤行。现在他已经听不进去别人的建议了，他认定的事就准备做到底。在他眼里，面前这个叫荆轲的人，并不是来出谋划策，救燕国于水火之中的，他只是自己找来的刺客。

> “丹之私计愚，以为诚得天下之勇士使于秦，窥以重利；秦王贪，其势必得所愿矣。诚得劫秦王，使悉反诸侯侵地，若曹沫之与齐桓公，则大善矣；则不可，因而刺杀之。彼秦大将擅兵于外而内有乱，则君臣相疑，以其间诸侯得合从，其破秦必矣。此丹之上愿，而不知所委命，唯荆卿留意焉。”

太子丹把自己的计划和盘托出。他想找一个勇士，去生劫秦王。他举了一个前代的例子，这个例子也被记录在《刺客列传》里。话说齐国和鲁国会盟，鲁国一个叫曹沫的人在盟坛上把刀架在了齐桓公的脖子上。齐桓公吓得腿软，问曹沫有什么要求。曹沫说很简单，把齐国侵占鲁国的土地还回来。齐桓公被迫同意。于是曹沫扔掉匕首，回到座位，面色如常。这时候齐桓公想反悔，但身边的管仲提醒他，做人得讲信用，尤其是一个大国的国君，更得讲信用。这事就这么算了。太子丹也想找个人模仿曹沫，把刀架在嬴政脖子上，要求嬴政返还侵占各国的土地。当然了，能生擒最好，要是生擒不了，直接一刀捅死，让秦国内乱，给其他国家合纵留出时间。其他国家一合纵，秦国就等着被收拾吧。太子丹说："没人啊。燕国上下都找不出一个人来。这事儿只能交给你了。"

如果我们仔细分析太子丹的计划，会发现其中有很多漏洞。第一，如果各诸侯国准备合纵抗秦，干吗非等到秦国内乱呢？你现在联合各国起来对抗秦国，也不是没有可能。第二，生擒嬴政的可能性微乎其微。即便生擒了，嬴政答应返还侵地了，你怎么能保证把刀拿下来的时候他不反悔？毕竟当初齐桓公都想反悔。一旦嬴政反悔，你这事儿不是白干了吗？第三，如果刺杀失败，带来的将会是灭顶之灾。秦国一定会不遗余力出兵攻燕。这只会加速燕国的灭亡。

问题是，仔细想想就能明白的事，为什么太子丹还要坚持干？

答案只有一个，那就是他讲的什么模仿曹沫、生擒嬴政、诸侯合纵，都是借口，是他为了报一己之私仇编织出来的冠冕堂皇的借口。他真正的目的只有一个：杀嬴政。很明显，太子丹是个赌徒，他想赌一把，他赌刺客能杀死嬴政。当仇恨蒙蔽了他的双眼的时候，理智已经离他而去了。

久之，荆轲曰："此国之大事也，臣驽下，恐不足任使。"

“久之”，说明荆轲想了很长时间。他不是一个轻易做决断的人，他需要考虑种种可能性。他其实有一些失望，他没想到，在太子丹眼里，自己只是一个刺客。于是他推辞了。毕竟这件事成功的概率极低，一旦失败，搭上的，就是自己的性命。

> 太子前顿首，固请毋让，然后许诺。于是尊荆卿为上卿，舍上舍。太子日造门下，供太牢具，异物间进，车骑美女恣荆轲所欲，以顺适其意。

我们不知道太子丹又对荆轲说了什么，司马迁也没有向我们揭示荆轲的内心活动。从眼前的记载来看，我们只知道，荆轲最终答应了。很难揣测荆轲当时的想法，也许他是被太子丹的说辞打动了，也许他觉得生擒嬴政确实有改变历史的可能，也许他另有打算，我们不知道，总之荆轲答应了下来。

太子丹很高兴。他给荆轲最尊贵的地位，让他住最豪华的房子。太子丹每天都去拜访，让人好吃好喝地伺候着，生怕荆轲有一点不满意。这些奢靡背后的底色是苍凉的，似乎每一样东西都在提醒着荆轲，他要做的事情是极其危险的，这也许是他生命中最后的享受。

但荆轲迟迟没有动身，他似乎一直在等。他在等什么？

我们下回再说。

风萧萧兮易水寒：

《刺客列传》（二）

一

在漫长的等待中，荆轲一定反复想过太子丹说的那一种可能：生劫秦王，逼迫秦王返还各国失地。荆轲并不希望秦国吞并六国。尽管生劫的希望很小，但他还是愿意一试。做一个扭转历史方向的人，也许是他对自己的期待。他在脑子里不断完善着这次刺杀，尽可能确保每个环节都万无一失。时间就这样一点一点流走，太子丹的耐心也一点一点被消磨殆尽，太子丹已经不愿意再等下去了。

> 久之，荆轲未有行意。秦将王翦破赵，虏赵王，尽收入其地，进兵北略地至燕南界，太子丹恐惧，乃请荆轲曰："秦兵旦暮渡易水，则虽欲长侍足下，岂可得哉！"

荆轲还是没有动身的意思，但形势已经变得十分危急，赵国已经被秦国灭了。现在燕国失去了赵国这道屏障，将直接面对秦国的大军。太子丹害怕了，他催促荆轲快点动身。

> 荆轲曰："微太子言，臣愿谒之。今行而毋信，则秦未

可亲也。夫樊将军，秦王购之金千斤，邑万家。诚得樊将军首与燕督亢之地图，奉献秦王，秦王必说见臣，臣乃得有以报。”太子曰：“樊将军穷困来归丹，丹不忍以己之私而伤长者之意，愿足下更虑之！”

荆轲说：“即便你不催，我也会去的。”这话有情绪了，不高兴了。他觉得太子对自己不信任了，怀疑自己因为害怕不敢去刺秦了。荆轲现在的心情和之前田光的心情一样，自己愿意拿命一博，但很可惜，太子丹还是不能百分之百相信。荆轲不是不想去，是缺东西，缺两样信物。有了信物，就能接近秦王。荆轲说的两件东西，一件是燕国督亢这个地方的地图。献上地图，就等于把这块地方割给秦国了。这件东西不难办。难的是另一件——樊於期的头。樊於期得罪了嬴政，嬴政用黄金千斤、食邑万家来悬赏他的脑袋，要是把樊於期的头献给嬴政，嬴政一定很高兴。但是对不起，太子丹不同意。不同意的理由很简单——“不忍”。

荆轲知太子不忍，乃遂私见樊於期曰：“秦之遇将军可谓深矣，父母宗族皆为戮没。今闻购将军首金千斤，邑万家，将奈何？”

荆轲已经摸透太子丹的个性了。他知道，这事儿只能瞒着太子丹做。荆轲要做的，不是刺杀樊於期，割下他的脑袋，而是让樊於期心甘情愿地献出自己的生命。这需要一样本事，揣度人心的本事。对樊於期来说，生命并不是最重要的。他全家已经被秦杀光了，他一个人苟活于世，只是因为大仇未报。报仇，是第一位的。于是荆轲见到樊於期，直戳樊於期的痛处："秦国对你，可以说很残酷啊，你的亲人已经全都死在嬴政的刀下了。听说他现在用黄金千斤、食邑万家悬赏你的头。你作何打算？"荆轲的话像一条鞭子，句句打在樊於期的心上。

> 於期仰天太息流涕曰："於期每念之，常痛于骨髓，顾计不知所出耳！"荆轲曰："今有一言可以解燕国之患，报将军之仇者，何如？"於期乃前曰："为之奈何？"

樊於期长叹一声，哭了。他说："我痛啊，痛到骨头里了。但是没办法，我想不出报仇的办法。"荆轲说："我有办法，想听吗？"司马迁这里用一个"前"，写出樊於期迫不及待。荆轲一句话，让樊於期看到了希望。

> 荆轲曰："愿得将军之首以献秦王，秦王必喜而见臣，臣左手把其袖，右手揕其匈，然则将军之仇报而燕见陵之愧除矣。将军岂有意乎？"樊於期偏袒搤捥而进曰："此臣之日夜切齿腐心也，乃今得闻教！"遂自刭。

荆轲向樊於期描述了自己的计划：左手抓住嬴政衣袖，右手拿刀刺进嬴政的胸膛。这是一个让樊於期激动的画面。在荆轲的描述里，樊於期大仇得报。但是在某种程度上，荆轲撒了谎。对荆轲来说，杀死秦王，是一个退而求其次的选择。但在樊於期面前，他不能坦白秦王有可能不会死。樊於期被荆轲的话感动了，他知道刺杀者同样需要献出自己的生命，于是毫不犹豫地自杀了。

太子闻之，驰往，伏尸而哭，极哀。既已不可奈何，乃遂盛樊於期首函封之。

知道樊於期死了，太子丹非常难过。司马迁说他“驰往”，意思是一刻不停地来到樊於期的尸首前，“伏尸而哭”，趴在樊於期身上痛哭流涕，“极哀”。他觉得樊於期是走投无路才来燕国的，没能保全他，是自己的过失。田光死了，樊於期也死了。他们虽然不是太子丹亲手杀的，但却都是因为太子丹而死。如果不是急切地想要报自己的私仇，想出了刺杀的办法，这两个人，还会死吗？如果像鞠武当初说的，把樊於期送到匈奴那里，会不会是另一种结局？

二

于是太子豫求天下之利匕首，得赵人徐夫人匕首，取之百金，使工以药焠之，以试人，血濡缕，人无不立死者。乃装为遣荆卿。

为了保证刺杀成功，还需要做一些准备。太子丹在全天下搜求锋利的匕首，终于在赵国人手里找到一把。太子丹让人在匕首上淬了毒药。拿这把匕首刺人，只要对方流出一丝血，立马就会死掉。

燕国有勇士秦舞阳，年十三，杀人，人不敢忤视。乃令秦舞阳为副。

除了杀人利器，还需要一个帮手。秦舞阳出场了，一出场就带着杀气。秦舞阳只有十三岁，但是已经杀过人了，大家都很怕他。司马迁写荆轲，写他两次逃跑，很怯懦；写秦舞阳，写“人不敢忤视”，看起来很厉害。但两个人上了秦殿，表现完全不一样。

荆轲有所待，欲与俱；其人居远未来，而为治行。

现在信物有了，匕首有了，帮手也有了，看起来好像万事俱备，但荆轲还在等，他在等一个人和他一起去秦国。有了这个人的帮助，荆轲的胜算会多一些。我相信这个人的剑术要远高于荆轲，毕竟从之前的描述来看，荆轲并不精于剑术。在荆轲的计划里，应该由这个人劫持秦王，自己逼迫秦王返还侵地。但那个人住得远，还没有来。

顷之，未发，太子迟之，疑其改悔，乃复请曰："日已尽矣，荆卿岂有意哉？丹请得先遣秦舞阳。"

太子丹看荆轲迟迟不动身，起了疑心，以为他后悔了。太子丹说："太阳都要落山了，你还不走吗？你要是不去，我就让秦舞阳先去了。"这话说得过分了，谁听了都会觉得心寒。在太子丹心里，从来就没有完全信任过荆轲。

荆轲怒，叱太子曰："何太子之遣？往而不返者，竖子也！且提一匕首入不测之强秦，仆所以留者，待吾客与俱。今太子迟之，请辞决矣！"遂发。

荆轲生气了。他当面呵斥太子："用不着你催！谁要是去了不回来，谁就是小人！"接下来的话很有意思。从语气上推断，"且提一匕首入不测之强秦"和"仆所以留者，待吾客与俱"中间应该还有别的话，但荆轲没说，话说了半截咽下去了。为什么？很简单，当时荆轲正在气头上，生气的时候把心里话给说出来了。心里话是什么，就是他日日夜夜反复思考的事，就是"且提一匕首入不测之强秦”。“拿着一把匕首去不可预测的秦国”后边应该跟着“还不知道会发生什么呢!”荆轲每天都在思虑、筹划，把每一个细节想了又想，他知道此行充满了危险。但是现在话一出口他就后悔了，他不愿意让别人知道他的心事。他说:“我之所以还留在这，是为了等一个人和我一块去。”但是现在他被怀疑了。他不想等了。他理解了田光的心情。他知道如果不等那个人来和自己一起去，这次生劫秦王的概率会小很多，但是他不想等了。哪怕是死，他也不想被人怀疑。

太子及宾客知其事者，皆白衣冠以送之。至易水之上，既祖，取道，高渐离击筑，荆轲和而歌，为变徵之声，士皆垂泪涕泣。

大家都穿着一身白衣来送荆轲。白色是丧服的颜色，这意思其实很明白，荆轲十有八九是回不来了。荆轲这次去，第一种情况是生劫秦王。即便生劫，秦王也有可能反悔，反悔就会杀掉荆轲。第二种情况是直接杀掉秦王。但杀掉秦王，荆轲也走不出秦殿大门，估计会被乱刀砍死。第三种情况是刺杀失败，直接被抓住。其实算下来，荆轲生还的可能性是微乎其微的，约等于零。这是大家心知肚明的事。高渐离也来了，他来送荆轲最后一程。高渐离在易水边击筑，荆轲随着乐声唱起了歌，就如同他们曾经在燕国的市集上那样。

所有人都哭了。

又前而为歌曰："风萧萧兮易水寒，壮士一去兮不复还！"复为羽声慷慨，士皆瞋目，发尽上指冠。于是荆轲就车而去，终已不顾。

荆轲的歌词是：风萧萧兮易水寒，壮士一去兮不复还。他自己也知道，这次去，凶多吉少。他的歌声慷慨，在场的人听得热血沸腾，头发都竖了起来。这是夸张，但夸张得好。司马迁借着竖起的头发，写尽了每一个人的心情。他们愤怒，却又悲伤。愤怒，是对秦国，对嬴政；悲伤，是对荆轲。

荆轲坐上车出发了，再也没有回头看一眼。

三

遂至秦，持千金之资币物，厚遗秦王宠臣中庶子蒙嘉。嘉为先言于秦王曰："燕王诚振怖大王之威，不敢举兵以逆军吏，愿举国为内臣，比诸侯之列，给贡职如郡县，而得奉守先王之宗庙。恐惧不敢自陈，谨斩樊於期之头，及献燕督亢之地图，函封，燕王拜送于庭，使使以闻大王，唯大王命之。"秦王闻之，大喜，乃朝服，设九宾，见燕使者咸阳宫。

到了秦国，第一件事，先贿赂秦王宠臣蒙嘉，求得一个觐见的机会。蒙嘉收了钱，于是在秦王面前说了一堆好话。蒙嘉告诉秦王，这次燕国使者带了督亢的地图和樊於期的头来。嬴政一听，高兴得不得了，安排了隆重的仪式来接待。“设九宾”，这是接待外国使者的最高礼节。

荆轲奉樊於期头函，而秦舞阳奉地图柙，以次进。至陛，秦舞阳色变振恐，群臣怪之。

荆轲和秦舞阳上殿。请注意，两个人手里拿的东西不同。荆轲拿的是装樊於期头的盒子，秦舞阳拿的是装地图的盒子。刺杀用的匕首藏在哪里呢？燕国的地图里。由谁来展开地图呢？拿地图的秦舞阳。因此，按照事先的安排，是由秦舞阳来进行刺杀。前面说过，原本荆轲是想等另外一个人和他一起的，那个人要做的就是秦舞阳的事。但是，危机出现了，情况有变。到了大殿，秦舞阳一下子害怕了。司马迁说他“色变振恐”，脸色变了，头冒冷汗，浑身直哆嗦。一想到要刺杀嬴政，他就抑制不住地害怕。这和前面的“人不敢忤视”判若两人。殿上的大臣都感到很奇怪。

荆轲顾笑舞阳，前谢曰：“北蕃蛮夷之鄙人，未尝见天子，故振慴。愿大王少假借之，使得毕使于前。”

荆轲回过头，看着秦舞阳，笑了。这个“笑”，太厉害了。这个“笑”后面表现出的冷静是惊人的。荆轲说：“这孩子是个蛮夷，没见过世面，更没见过天子，所以害怕了。大王您饶过他这一回，让我们能完成这次使命。”这话说得好，既解释了秦舞阳哆嗦的原因，又把秦王捧了上去，而且捧得很高。

秦王谓轲曰：“取舞阳所持地图。”

事情朝着另一个方向发展了。秦王对荆轲说：“拿地图过来。”原本秦舞阳要做的事，现在只能由荆轲来完成。当初在易水边，荆轲没等到那个朋友，独自出发，事情成功的概率已经小了一半。现在，荆轲要替代原定刺杀秦王的秦舞阳完成任务，事情成功的概率又变小了。但此时的荆轲告诉自己：必须冷静。

轲既取图奏之，秦王发图，图穷而匕首见。因左手把秦王之袖，而右手持匕首揕之。

荆轲献上地图。秦王缓缓打开地图。地图的最后，是那把淬了毒药、锋利无比的匕首。忽然间，荆轲左手抓住秦王的袖子，右手拿起匕首刺了出去。成功近在咫尺，再往前一点，秦王就要死于刀下了。

未至身，秦王惊，自引而起，袖绝。拔剑，剑长，操其室。时惶急，剑坚，故不可立拔。

匕首差一点就刺中了，秦王大惊，一下子站了起来，结果袖子被匕首斩断了。秦王想要赶紧拔剑，但是剑在剑鞘里插得太紧，一时拔不出来。这个时候情况非常危急。请注意，司马迁如何表现这种危急？这就是语言的艺术。这一段实际上只有二十九个字，但是却分成了十个小短句。司马迁把句子变得很短，因此我们读的时候，会觉得节奏感很强、很急促。句子一长，节奏就变得舒缓了，就体会不出那种紧张感。现在我们仿佛亲临现场，感受到了在场每一个人急促的呼吸。

荆轲逐秦王，秦王环柱而走。群臣皆愕，卒起不意，尽失其度，而秦法，群臣侍殿上者不得持尺寸之兵；诸郎中执兵皆陈殿下，非有诏召不得上。方急时，不及召下兵，以故荆轲乃逐秦王。而卒惶急，无以击轲，而以手共搏之。

秦王逃跑，荆轲在后头追。殿上所有的人都感到吃惊，甚至没反应过来发生了什么。这里司马迁补了一句，按照秦法，大臣上殿是不能带任何兵器的。带着兵器的都在殿外，除非是接到诏令，否则不能上殿。情况危急，来不及传令让人带着武器上殿了。大家找来找去，找不到趁手的东西打荆轲。没办法，只能用手了。估计这些大臣也害怕，不敢离得太近，所以只能看着嬴政绕着柱子跑。

是时侍医夏无且以其所奉药囊提荆轲也。

这时候有个叫夏无且的医生灵机一动，卯足了劲，把自己的药囊冲着荆轲扔了过去。药囊砸中荆轲，给秦王赢得了喘息的机会。

秦王方环柱走，卒惶急，不知所为，左右乃曰："王负剑！"负剑，遂拔以击荆轲，断其左股。

秦王正跑着呢，两边的大臣提醒他："把剑背身上！"嬴政把剑往后一背，剑就能抽出来了。于是一剑砍向荆轲，砍断了他的左腿。到这里，荆轲败局已定。

荆轲废，乃引其匕首以擿秦王，不中，中桐柱。秦王复击轲，轲被八创。

荆轲已经站不起来了，但他没认输，使出全身力气最后一搏，把匕首掷向嬴政。很遗憾，并没有击中。匕首砸到了铜柱上。嬴政又惊又气，他把所有愤怒都发泄在眼前这个刺客身上，一口气砍了八剑下去。

> 轲自知事不就，倚柱而笑，箕踞以骂曰："事所以不成者，以欲生劫之，必得约契以报太子也。"

荆轲败了。但他不想认输。司马迁说他"倚柱而笑，箕踞以骂"。"箕踞"，就是张开两条腿坐着，是很不礼貌的坐法。荆轲笑了，这里边有遗憾，有无可奈何，有坦然，也有轻蔑。在展开地图的时候，他完全有机会一刀刺死嬴政——匕首离嬴政的胸口已经很近了——但他没有这么做。对荆轲来说，杀死一个嬴政，还会有下一个嬴政。秦国的强大是无法更改的事实，换一个秦王，照样能吞并各国，燕国照样会灭亡。荆轲不希望自己仅仅是一个刺客，他希望真的像曹沫生劫齐桓公那样，逼着秦王返还六国侵地。他希望六国得到国土，能再度与秦抗衡。他希望历史朝着另一个方向发展。他希望自己既然答应了太子丹，就说到做到。只不过，命运这一次没有站在他这一边。在生命的最后时刻，他想让所有人知道他失败的理由，他希望嬴政明白自己为什么躲过一劫。他说："之所以今天没成功，只是因为我想生劫秦王，让秦王答应返还侵地。这是我答应太子丹的。"

> 于是左右既前杀轲，秦王不怡者良久。已而论功，赏群臣及当坐者各有差，而赐夏无且黄金二百溢，曰："无

且爱我，乃以药囊提荆轲也。”

荆轲死了，但秦王心头的阴影并没有立马消失，他不高兴了很久。过了一阵，秦王论功行赏，给夏无且的赏赐最多。要不是夏无且的那个药囊，恐怕历史又会是另一番局面了。

于是秦王大怒，益发兵诣赵，诏王翦军以伐燕。十月而拔蓟城。燕王喜、太子丹等尽率其精兵东保于辽东。秦将李信追击燕王急，代王嘉乃遗燕王喜书曰：“秦所以尤追燕急者，以太子丹故也。今王诚杀丹献之秦王，秦王必解，而社稷幸得血食。”其后李信追丹，丹匿衍水中，燕王乃使使斩太子丹，欲献之秦。

荆轲的失败，加速了燕国灭亡的进程。秦王出兵伐燕，燕王喜、太子丹逃到辽东。代王给燕王写信，说现在之所以秦军逼得这么紧，只是因为太子丹。如果把太子丹杀了交出去，秦军就退了。于是燕王喜杀了太子丹，献给秦王。这真是大错特错的一步。燕王喜没有看清局势。不杀太子丹，秦会灭了燕；杀了太子丹，秦也会灭了燕。秦的目标是天下，而不仅仅是一个太子丹。燕王喜既牺牲了儿子，也没有改变燕国灭亡的结局。

秦复进兵攻之。后五年，秦卒灭燕，虏燕王喜。

其明年，秦并天下，立号为皇帝。

秦军没有停下进攻的脚步。五年以后，燕国被灭。燕国被灭的第二年，也就是公元前221年，嬴政完成了统一大业。

四

于是秦逐太子丹、荆轲之客，皆亡。高渐离变名姓为人庸保，匿作于宋子。久之，作苦，闻其家堂上客击筑，傍徨不能去。每出言曰："彼有善有不善。"从者以告其主，曰："彼庸乃知音，窃言是非。"家丈人召使前击筑，一坐称善，赐酒。

秦王恨啊，恨太子丹和荆轲，也恨和这两个人有关的人。于是大搜天下，凡是和这两个人沾边的，都抓起来。大家都躲了起来。高渐离也躲了起来，他改名换姓，到别人家去帮佣。音乐是他最大的爱好，但他把他的筑收了起来，他不想让别人知道他会击筑。只是每次听到主人家有击筑的声音，他都站在那里听，一听就是很久。司马迁说他"傍徨不能去"。他有时候忍不住会说两句，哪儿奏得好哪儿奏得不好。和他一块儿干活的人觉得奇怪，把他的话和主人说了。主人把高渐离叫过来，让他击筑，结果一座皆惊。

而高渐离念久隐畏约无穷时，乃退，出其装匣中筑与其善衣，更容貌而前。举坐客皆惊，下与抗礼，以为上客。使击筑而歌，客无不流涕而去者。

高渐离厌倦了，他厌倦了这样东躲西藏的生活，他厌倦了这种隐姓埋名的日子，他厌倦了这种无聊的时光。现在的每一天，对他来说，仅仅是活着。这样的生命毫无质量可言，他想过几天站在阳光里的日子。于是他穿上了从前的衣服，拿出了盒子里的筑，说出了自己的身份。当然，他也说出了那个危险的名字。那个名字对他来说重如千斤。他为在场的人击筑，唱歌。在场的所有人，都流下了眼泪。他们之所以流泪，一定是被高渐离的音乐打动了。我想高渐离在击筑的时候，一定回忆起了那些往昔的时光。那时候他和荆轲在燕国的市集上痛饮狂歌；那时候他们一起放肆地大笑，又一起抱头痛哭。他也一定想起了那个在易水边的黄昏，残阳如血，荆轲唱道："壮士一去兮不复还！"结果他就真的再没有回来。现在只剩高渐离一个了。他把自己的记忆，都放进了音乐里。

宋子传客之，闻于秦始皇。秦始皇召见，人有识者，乃曰："高渐离也。"秦皇帝惜其善击筑，重赦之，乃矐其目。使击筑，未尝不称善。

高渐离现在生命中只有一件事：报仇。很快，高渐离的名声传到了嬴政跟前。嬴政召见了高渐离。当嬴政召高渐离上殿的时候，高渐离就在心里开始了自己的复仇计划。身边的人提醒嬴政，这个人和荆轲是朋友。嬴政犹豫了，但最终还是留下了高渐离，他觉得高渐离演奏的音乐实在是美妙。但荆轲这个名字还是让嬴政忌惮，为了保证自己的安全，他让人把高渐离的眼睛熏瞎了。我相信每一次高渐离为嬴政演奏的时候，心里都充满了恨意。这个恨，并不是因为嬴政弄瞎了自己，而是自己最好的朋友死在嬴政手上。

稍益近之，高渐离乃以铅置筑中，复进得近，举筑朴秦皇帝，不中。于是遂诛高渐离，终身不复近诸侯之人。

高渐离在自己的筑里灌了铅。他一直在等一个机会，他要离嬴政再近一点儿。终于，这一天，他举起手里的筑，砸向了嬴政的脑袋。但他毕竟是个瞎子，这一击，没能击中。但是他没有遗憾了，他已经尽力了，现在他可以安心地离开这个世界了。他知道，自己会在另一个世界和荆轲重逢。

这下秦始皇心里的阴影更大了。从此他的身边不允许出现任何其他国家的人。尽管他获得了天下，但却每天活在巨大的不安中。

鲁句践已闻荆轲之刺秦王，私曰："嗟乎，惜哉其不讲于刺剑之术也！甚矣吾不知人也！曩者吾叱之，彼乃以我为非人也！”

交代完高渐离的结局，《刺客列传》似乎应该结束了，但司马迁还补了一笔。鲁句践之前出现过，荆轲和他下棋，两个人争起来，他怒斥了荆轲一顿。司马迁写了鲁句践在听到荆轲刺秦失败后的反应。他说：“唉，可惜了，当初就知道他的剑法不行。”鲁句践觉得心里难过，他没能看出荆轲是个英雄，当初竟然还吼过他。这事儿也许会在他心里存一辈子。

鲁句践的话再一次说明，荆轲剑术确实不精，刺杀失败似乎是注定的。

荆轲的一生是个悲剧。表面上，这个悲剧是他刺杀失败了。但从根本上说，是一个有才华的人，没有得到可以施展才华的舞台。他原本就不是为刺杀而生，只不过阴差阳错，最终成了一名刺客。

很多年后，骆宾王在易水边送别朋友，写下一首诗：

此地别燕丹，壮士发冲冠。
昔时人已没，今日水犹寒。

江流不止，有些人在历史的寒风里留下过痕迹。

让人忌惮的名字：

《项羽本纪》（一）

一

乱世，容易出英雄。秦末大乱，给无数人创造了机会。司马迁写这一段历史，写得神采飞扬。要说写得最好的一篇，应该是《项羽本纪》。

项籍者，下相人也，字羽。初起时，年二十四。

“籍”是名，“羽”是字。“下相”，今天江苏宿迁一带。司马迁特意写了项羽起事时候的年龄，二十四，很年轻，充满了无限可能。刘邦比项羽大二十四岁，此时已经四十八了，是个中年人，甚至可以说是老年人了。拳怕少壮，打架，老人打不过年轻人。但老也有老的好处，后来项羽和刘邦两方对峙，项羽提出要和刘邦单挑——这显然是年轻人的想法——刘邦笑了，说：“吾宁斗智，不能斗力。”

其季父项梁，梁父即楚将项燕，为秦将王翦所戮者也。项氏世世为楚将，封于项，故姓项氏。

点出项羽家世。叔父是项梁，祖父是项燕。这里司马迁说项燕“为秦将王翦所戮”，也就是说项燕是被王翦杀的。《秦始皇本纪》记载：“二十四年，王翦、蒙武攻荆，破荆军，昌平君死，项燕遂自杀。”《楚世家》里说：“四年，秦将王翦破我军于蕲，而杀将军项燕。”综合来看，当时的情况，应该是项燕兵败，被王翦围困，最后被逼自杀。司马迁说“项氏世世为楚将”，表明了项家和楚国的关系。对项羽来说，楚国被灭，既是国仇，也是家恨。

项籍少时，学书不成，去；学剑，又不成。项梁怒之。籍曰：“书足以记名姓而已。剑一人敌，不足学，学万人敌。”

司马迁惯用的手法，写人物，从小事写起。小事里埋藏着人物日后的命运。项羽年少的时候，学写字，学了几天就不学了；去学剑法，练了几天，又不学了。项梁生气啊，觉得这孩子不行。项羽说：“写字，最多就是记记名字；学剑，只能打败一个人，都不值得学。要学，就学那种能打败一万个人的本事。”这话听起来很厉害，有志气，有野心，不像是等闲之辈说的。但野心，有时候也仅仅是野心而已。

于是项梁乃教籍兵法，籍大喜，略知其意，又不肯竟学。

项梁于是教项羽兵法。刚学的时候项羽很高兴，学了两天，觉得自己掌握得差不多了，又把兵法扔了。项羽理解的兵法，是战术，是排兵布阵，所以他觉得自己学会了。但兵法真正的内核，是人心，这是项羽一辈子都没搞懂的东西。司马迁寥寥几笔，已经写出项羽的浮躁。

项梁尝有栎阳逮，乃请蕲狱掾曹咎书抵栎阳狱掾司马欣，以故事得已。

“尝有栎阳逮”，意思是说项梁曾经在栎阳被人抓起来过。具体犯了什么事，司马迁没说，可能是被别人牵连入狱的。于是项梁托人救自己。托谁呢？曹咎。“狱掾”，就是管监狱的小吏。曹咎管着蕲县的监狱，司马欣管着栎阳的监狱。项梁托曹咎给司马欣去了一封书信，于是这事儿就解决了，人很快被放出来了。都说秦法严密，照这件事来看，也未必。司马迁写文章，惜字如金，他从来不会写没用的废话。挂在墙上的枪，后面肯定会响。这里写曹咎、司马欣对项梁有恩，为后边埋下一个伏笔。

项梁杀人，与籍避仇于吴中。吴中贤士大夫皆出项梁下。每吴中有大繇役及丧，项梁常为主办，阴以兵法部勒宾客及子弟，以是知其能。

项梁杀了人，于是和项羽去了吴中，在吴中躲着避仇。吴中厉害的人都觉得自己不如项梁。每次朝廷要组织徭役，或者要办丧事，大家都让项梁操办。司马迁这是在凸显项梁的才能。项梁也不白干，每次都暗中用兵法来组织这些干活儿的年轻人，观察他们每个人的能力。观察人，是为了日后能用这些人。这说明，项梁在心里已经开始盘算了。他只是在等一个机会，一旦机会到来，他就会乘势而起。

秦始皇帝游会稽，渡浙江，梁与籍俱观。籍曰："彼可取而代也。"梁掩其口，曰："毋妄言，族矣。"梁以此奇籍。

秦始皇出游，项梁和项羽躲在人群里看。项羽说："那个位置，应该我来坐。"项梁一听，吓坏了，赶紧捂住项羽的嘴，说："别瞎说，小心被灭族。"害怕只是表面上的，项梁在心里其实很惊讶。他知道这个孩子有野心，但没想到野心这么大。司马迁在《高祖本纪》里也写了一笔刘邦看到秦始皇的反应。刘邦看到秦始皇的车驾，长叹一声，说："唉，大丈夫当如此也。"两个人，两种不同的语气。项羽的话，很霸道，有一股杀气；刘邦则纯粹是一股发自内心的羡慕：要是我也能这样就好了。

籍长八尺馀，力能扛鼎，才气过人，虽吴中子弟皆已惮籍矣。

秦尺一尺约相当于23.1厘米，算下来，项羽身高在1.84米以上。他力气大，能一个人把鼎举起来。请注意，司马迁这里写吴中子弟对项羽的反应，是“惮”，也就是害怕，是发自内心的恐惧。后面我们还会看到其他人对项羽的反应。这些反应放在一起，就不难看出司马迁本人的立场。

二

> 秦二世元年七月，陈涉等起大泽中。其九月，会稽守通谓梁曰：“江西皆反，此亦天亡秦之时也。吾闻先即制人，后则为人所制。吾欲发兵，使公及桓楚将。”是时桓楚亡在泽中。

陈胜、吴广在大泽乡发动起义，紧接着，大家都反了。会稽郡的郡守一看，我也反了算了。他之所以决定要反，是看明白了当时的局势。秦的政权已经摇摇欲坠，各地起义的队伍就像星星之火，但很快就会连成一片。会稽郡守殷通觉得如果现在不反，将来会稽地方的百姓反了，自己不一定能控制住局面，到时候就会很被动。于是殷通跑去和项梁商量。之所以要找项梁，是看重项梁的能力，也是看重项梁的威信。项梁说话好使，号召力强，大家都服他。除了项梁，殷通还想找另外一个人带兵，那个人叫桓楚。但是桓楚现在逃亡在外，大家不知道他在哪儿。

梁曰:“桓楚亡，人莫知其处，独籍知之耳。”梁乃出，诫籍持剑居外待。梁复入，与守坐，曰:“请召籍，使受命召桓楚。”守曰:“诺。”梁召籍入。须臾，梁眴籍曰:“可行矣!”于是籍遂拔剑斩守头。项梁持守头，佩其印绶。

但是项梁有项梁的打算。他和殷通说:“桓楚现在逃亡在外，没人知道他人在哪儿，只有项羽知道。”于是项梁出来，安排项羽在外待命。司马迁特意写了项羽“持剑”。剑，是用来杀人的。项梁进来，让殷通召见项羽。于是项羽进来了。没过几秒钟，项梁给项羽使了个眼色，说:“动手!”“眴”，就是使眼色的意思。司马迁这个“眴”用得特别生动，仿佛他当时就在现场，经历了那个惊心动魄的时刻。项羽非常利索地砍下殷通的人头，于是项梁拿了殷通的官印。项梁杀殷通的道理其实很简单：一个有本事的人，是很难甘居人下的。对项梁来说，同样是反，为什么不直接拉起一支队伍自己干，何必听一个郡守的指挥?

门下大惊，扰乱，籍所击杀数十百人。一府中皆慑伏，莫敢起。

殷通一死，局势立即变得混乱起来。这里凸显项羽的勇力——一个人，杀了百十个人。前面司马迁说“吴中子弟皆已惮籍矣”，这里说“一府中皆慴伏，莫敢起”，所有人趴在地上，吓得不敢起来。都是写大家面对项羽时的恐惧。

梁乃召故所知豪吏，谕以所为起大事，遂举吴中兵。使人收下县，得精兵八千人。

项梁的起义正式开始。首先要拉起一支队伍来。谁能用，谁不能用，项梁心里早就有数了。这里说“故所知”，和前面“以是知其能”呼应。整篇《项羽本纪》，数字的变化值得注意。起义的一开始，项梁的部队是八千人。

梁部署吴中豪杰为校尉、候、司马。有一人不得用，自言于梁。梁曰：“前时某丧使公主某事，不能办，以此不任用公。”众乃皆伏。于是梁为会稽守，籍为裨将，徇下县。

这里再写一件小事，凸显项梁的识人之明。项梁给吴中有能力的人都安排了职位，但有一个人没被安排。于是这个人找到项梁，想问个明白。项梁也很坦诚，直接告诉他，之前让他办丧事，结果没办好，所以现在不用他。大家一听，心服口服。这里的“伏”通“服”。司马迁写了大家对项梁和项羽的不同态度。

对项羽，大家是“惮”，是怕他的勇力；对项梁，大家是“服”，是服他的才能。

三

广陵人召平于是为陈王徇广陵，未能下。闻陈王败走，秦兵又且至，乃渡江矫陈王命，拜梁为楚王上柱国。曰：“江东已定，急引兵西击秦。”项梁乃以八千人渡江而西。闻陈婴已下东阳，使使欲与连和俱西。

当时陈胜已经死了。陈胜从起事到败亡，时间很短，只有六个月。陈胜手下有个叫召平的人。召平奉命攻打广陵，就是今天的扬州，没能攻下来。他听说陈胜死了，秦兵马上就攻来了，很着急，想赶紧找个帮手。于是他找到项梁，假托陈胜的命令，封项梁为楚国的上柱国。上柱国，相当于相邦。召平催项梁赶紧往西攻秦。于是项梁带着手下的八千人浩浩荡荡地就朝西去了。这时候出现了一个新人物，陈婴。司马迁暂时把项梁、项羽放在一边，插了一段陈婴的故事进来。这也是司马迁经常使用的手法，在一个人的传记里插一段其他人的传记。

陈婴者，故东阳令史，居县中，素信谨，称为长者。

东阳少年杀其令，相聚数千人，欲置长，无适用，乃请陈婴。

陈婴是谁？一个东阳县的小吏。这个人的特点是什么？司马迁说他“素信谨，称为长者”。意思是他老实、本分、讲信誉，而且口碑好。对陈婴来说，保住手里的工作，一辈子这么干下去，就可以了，他从来就没有别的非分之想。但是对不起，时代不允许。人的命运往往就是这么奇妙，有时候明明不想，但好像有一股力量在背后推着你走，陈婴就是这样。现在是乱世，各地百姓都在起义。东阳县也在起义，一帮年轻人聚在一块儿，把县令给杀了。他们想给自己找个头儿，但找来找去没有合适的，于是他们找到了陈婴。找陈婴的理由很简单：他有威信。他说话，别人听。陈胜、吴广起义的时候，也不是打着自己的旗号，他们冒充是公子扶苏和项燕。为什么？说陈胜、吴广，没人跟着干。这两个人谁啊？但是说公子扶苏、项燕，就有人来。威信这东西，没法儿拿钱衡量，它比钱重要得多。

婴谢不能，遂强立婴为长，县中从者得二万人。少年欲立婴便为王，异军苍头特起。

陈婴坚决推辞。不行不行，真不行。但是架不住这帮年轻人的热情。这帮人也是铁了心了，一定要让陈婴当大哥。陈婴只能勉强答应了。这个县里起义的人有多少呢？两万。项梁手里总共才八千人。两万，不少了。这帮年轻人想组建一支不归任何人管的队伍。所谓“异军苍头特起”，就是每个人都裹上头巾，和后来的黄巾军类似。这帮年轻人现在想直接把陈婴立为王。这一步，有点儿冒进了。

> 陈婴母谓婴曰：“自我为汝家妇，未尝闻汝先古之有贵者。今暴得大名，不祥。不如有所属，事成犹得封侯，事败易以亡，非世所指名也。”

陈婴的母亲说话了。年纪大的人的好处，就在于有经验，这是年轻人不具备的。年轻人有想法、有激情、有活力，但也容易冲动，有时候需要年纪大的人往回拉一步。陈婴的母亲对陈婴说：“自从我嫁到你们家，就没听说你们家出过什么贵人。现在你忽然得到这么大的名声，不是什么好事。我看，你别单干，单干风险太大。你去跟着别人一块儿干。成功了，你也能封个侯；失败了，你也好逃跑，走到哪儿也不会被大家认出来。”陈婴母亲这一番话，很有智慧。这个老人充分评估了风险之后，为陈婴指了一条明路。

> 婴乃不敢为王。谓其军吏曰：“项氏世世将家，有名于楚。今欲举大事，将非其人，不可。我倚名族，亡秦必

矣。”于是众从其言，以兵属项梁。

于是陈婴放弃了称王的想法。陈婴对手下说：“项家厉害啊，人家好几代都是楚国的将军。咱们想造反，光靠自己，不大行。要是咱们投靠了项家，秦肯定会灭在咱们手上！”大家一听，觉得很有道理。于是陈婴带着手下的人马，投靠了项梁。读到这，我们就明白了，司马迁压根儿不是想写陈婴，他是借陈婴来表现项家。在一个县里，陈婴是有威信的，但是范围扩大到整个国家，陈婴说话就未必好使了。司马迁借陈婴的口，再次提醒我们“项氏世世将家，有名于楚”。项家和楚国，紧紧绑定在一起。在大家眼里，项氏，代表了楚国。有一个东阳县，就会有许多个东阳县；有一个陈婴，就会有许多个陈婴。司马迁详写陈婴一个，我们就可以明白跟着项梁的都是什么样的人。

项梁渡淮，黥布、蒲将军亦以兵属焉。凡六七万人，军下邳。

黥布，就是英布。黥，是一种刑罚，在人脸上刺字，然后涂上墨。英布受过这种刑罚，所以叫黥布。黥布和蒲将军也带兵跟随了项梁。一开始，是八千人，加上陈婴的两万人，就将近三万人了，现在是六七万。数字增长得很快，这也说明，反秦是人心所向。

四

项梁前使项羽别攻襄城，襄城坚守不下。已拔，皆阬之。

聚集起人马之后，项梁的军队就开始打各种仗。项梁让项羽去打襄城，结果襄城挺难打，打了很久才打下来。但打下来之后，项羽做了一件事——“皆阬之”，把城里的军民全部活埋。看起来轻描淡写的三个字，背后是无数条生命。但在项羽眼里，这些生命无足轻重。司马迁这一笔，是为了写项羽的残忍。而这，还只是个开始。

还报项梁。项梁闻陈王定死，召诸别将会薛计事。此时沛公亦起沛往焉。

项梁收到陈涉已死的确切消息，于是召集各路将领，到薛地议事。沛公，就是刘邦。这时候刘邦还是个无名之辈，他带着手下的人，也去投靠项梁的队伍。

居鄛人范增，年七十，素居家，好奇计，往说项梁曰：“陈胜败固当。夫秦灭六国，楚最无罪。自怀王入秦不反，楚人怜之至今，故楚南公曰‘楚虽三户，亡秦必楚’也。今陈胜首事，不立楚后而自立，其势不长。今君起江东，楚蜂午之将皆争附君者，以君世世楚将，为能复立楚之后也。”

范增出场。范增出场的时候，年纪已经很大了。这个人喜欢耍心眼，玩阴谋。他给项梁提了一条建议。他觉得，陈胜失败是理所当然的。为什么？因为他自立为王。成为王，是需要有民众基础的，大家得服你，信你，愿意跟着你，你得有号令天下的本事。但是很显然，陈胜的民众基础并不牢固，大家还没有建立对他的信任。楚国就不一样了。当初秦国把楚怀王骗去，结果楚怀王客死他乡，楚国百姓都很伤心。范增对项梁说：“现在大家之所以愿意跟着你，是因为你们家世世是楚将，因为你们项家，就代表了楚国。大家盼望着你们项家能找到楚国的后人，立为楚王。”

于是项梁然其言，乃求楚怀王孙心民间，为人牧羊，立以为楚怀王，从民所望也。陈婴为楚上柱国，封五县，与怀王都盱台。项梁自号为武信君。

项梁一听，觉得很有道理，于是到处去找楚怀王的后人。他找到了楚怀王的孙子，熊心。熊心在干吗呢？给人放羊。很快，这个牧羊人就成了新一代楚怀王。陈婴成了楚国的上柱国，项梁自己给自己封了个号，叫武信君。

范增的这条建议好吗？不好，很不好。其实仔细分析一下就会知道，这是一条非常糟糕的建议。

第一，楚怀王是楚国的王。打出怀王的旗号，对楚国的百姓而言，确实有号召力。但是反秦，不能只靠楚国人，也得联合其他各国的人民啊。对被秦灭的其他各国人民来说，楚怀王就不那么有号召力了。其实对楚国百姓而言，项氏一族本身已经足够有号召力了。在大家看来，项氏和楚国，本来就是一体的。对其他各国人民来说，只要打出反秦的旗帜，大家都一样愿意跟从。其实立不立楚怀王，意思不大。

第二，立了楚怀王之后，麻烦很多。项梁其实很清楚，这个熊心只是自己找来的一个傀儡，自己是“挟天子以令诸侯”，只不过需要借用一下他的身份。这样想，没问题，但前提是项梁可以充分控制住熊心。一旦熊心不受控制了呢？很显然，没有人只愿意当傀儡。当熊心体会到权力的滋味之后，他就希望获得更多权力。这也是为什么项梁死后，熊心立马从项羽手里夺走了兵权——他希望当一个真正的楚怀王。麻烦于是就来了。后来项羽处处被楚怀王掣肘，最后只能杀了楚怀王。这就给刘邦留下了攻打自己的借口。

可以说，范增的这条计策，大错特错。

项梁起东阿，西，比至定陶，再破秦军，项羽等又斩

> 李由，益轻秦，有骄色。

项梁连着打了几次胜仗，心里有些得意。李由，是李斯的儿子。项羽杀了李由，项梁就更不把秦放在眼里了，他觉得胜利就在眼前，自己马上就要把秦灭了。

> 宋义乃谏项梁曰："战胜而将骄卒惰者败。今卒少惰矣，秦兵日益，臣为君畏之。"项梁弗听。乃使宋义使于齐。

这时候宋义出场了。宋义劝项梁，骄兵必败。人一骄傲，就容易懈怠；一懈怠，就很容易打败仗。这话有道理吗？有，这是再简单不过的道理。但当人被胜利冲昏头脑的时候，理智就会落败。项梁不愿意身边有人说丧气的话，于是找了个理由，让宋义出使齐国去了。

> 道遇齐使者高陵君显，曰："公将见武信君乎？"曰："然。"曰："臣论武信君军必败。公徐行即免死，疾行则及祸。"

在去齐国的路上，宋义遇到了高陵君显。宋义说："你要去见项梁吗？"高陵君显说："是。"宋义说："我劝你别去。我和你打个赌，项梁必败。你要是慢点走，兴许还能保住一条小命，要是走得快，就会碰上麻烦。”宋义的预言准吗？准。这件事让高陵君显大为吃惊。他觉得宋义神了，仗还没打，就能预料胜负。但宋义真这么厉害吗？从后文种种表现来看，宋义并不怎样。但这次怎么就让他说中了？因为项梁的骄傲和怠惰实在是太明显了。宋义依据的，只是每个人都了解的常识。

秦果悉起兵益章邯，击楚军，大破之定陶，项梁死。

章邯来了。这是一个让人闻风丧胆的名字，就像很多年前大家听到白起的名字一样。章邯，是现在秦国战斗力最强的将军，是白起之后的又一个杀神。章邯大败楚军，项梁战死。至此，项梁的戏份已经全部结束了。在《项羽本纪》的这个部分，主人公项羽似乎还没什么表现。接下来，就轮到项羽出场了。项羽和章邯即将正面交手，谁会胜，谁又会败？

我们下回再说。

命运埋下的伏笔：

《项羽本纪》（二）

一

项梁的死对项羽影响很大，他开始独自面对这个世界。那个时代是混乱的。混乱的时代，总是充满危险，但同时，也有很多机会。项羽试图在荆棘丛生的现实里杀出一条血路。

> 章邯已破项梁军，则以为楚地兵不足忧，乃渡河击赵，大破之。当此时，赵歇为王，陈馀为将，张耳为相，皆走入巨鹿城。章邯令王离、涉间围巨鹿，章邯军其南，筑甬道而输之粟。陈馀为将，将卒数万人而军巨鹿之北，此所谓河北之军也。

章邯打败了项梁之后，他觉得楚国解决得差不多了，没必要在这耗着，可以直接去收拾下一个。于是章邯率军去攻打赵国，又是“大破之”。赵国三个领头的，赵歇、陈馀、张耳，都躲到巨鹿城里，不敢出来了。司马迁一句“皆走入巨鹿城”，写出此时章邯手里秦军的强大。章邯命人把巨鹿围了。在他眼里，赵的灭亡，不过是时间问题。章邯的出现，让原本岌岌可危的秦王朝获得了喘息的机会。

> 楚兵已破于定陶，怀王恐，从盱台之彭城，并项羽、吕臣军自将之。以吕臣为司徒，以其父吕青为令尹。以沛公为砀郡长，封为武安侯，将砀郡兵。

此时的楚国，权力结构发生了微妙的变化。项梁死了，楚军失去了最高统帅。原本在盱台的楚怀王发现了机会，赶紧从盱台来到彭城。他做的第一件事，就是夺取兵权。他把项羽、吕臣手里的兵都集合起来，“自将之”，自己亲自指挥。从这一点上看，楚怀王并不简单，他开始试图摆脱从前的傀儡身份，取项梁而代之，成为楚军的实际领导者。

> 初，宋义所遇齐使者高陵君显在楚军，见楚王曰：“宋义论武信君之军必败，居数日，军果败。兵未战而先见败征，此可谓知兵矣。”

当司马迁用到“初”的时候，往往是在使用倒叙的手法。他开始追溯之前发生的事。宋义在去齐国的路上碰到了高陵君显，对高陵君显发表了一通高见，并且很笃定地说项梁必败。结果让他说对了。高陵君显对宋义佩服得不得了，他向楚怀王推荐了宋义，宋义由此获得了他人生中最重要的机会。

王召宋义与计事而大说之，因置以为上将军；项羽为鲁公，为次将，范增为末将，救赵。诸别将皆属宋义，号为卿子冠军。

楚怀王把宋义叫过来一聊，很满意。“大说之”，就是“大悦之”，非常高兴。楚怀王觉得宋义确实是个人才。是人才，就要让他发挥价值。于是楚怀王直接任命宋义为上将军。而项羽，只是次将。楚怀王的用意很简单，他要开始建立自己的势力。原本这支队伍姓项，但现在，它应该换一个姓了。楚怀王有意削弱项羽手里的兵权，并且通过宋义来制衡项羽。项羽从什么时候动了杀宋义的念头？就是从宋义被任命为上将军那一刻开始，就是当宋义被称为“卿子冠军”的时候。“卿子”，是男子的美称；“冠军”，就是最高统帅的意思。项羽敏锐地觉察到了危险的气息，他发现当初项梁和他拉起来反秦的那支队伍，现在正慢慢被别人控制。

二

行至安阳，留四十六日不进。项羽曰：“吾闻秦军围赵王巨鹿，疾引兵渡河，楚击其外，赵应其内，破秦军必矣。”

宋义带着楚军去救赵，但走到安阳这里，大军整整停留了四十六天。项羽急了，他直接来到宋义的军帐里，对宋义说："现在秦军围着巨鹿城，我们从外边攻，赵军从里边打，两面夹击，秦军必败！"有道理吗？有。但宋义会听吗？不会。他之所以停在安阳这么长时间，只是为了拖延。拖延的原因很简单——他害怕。他没有把握战胜章邯，但赵又不能不救，于是他就拖着，直到拖出一个结果为止。

> 宋义曰："不然。夫搏牛之虻不可以破虮虱。今秦攻赵，战胜则兵罢，我承其敝；不胜，则我引兵鼓行而西，必举秦矣。故不如先斗秦赵。夫被坚执锐，义不如公；坐而运策，公不如义。"

面对气势汹汹的项羽，宋义讲了一番冠冕堂皇的话。他说："现在秦攻打赵，要是秦胜了，他们的将士刚打完仗肯定很疲惫，我们趁机可以一举拿下。要是秦输了，那正好，我们直接往西，把秦一锅端了。"听起来，也很有道理。但问题是，一旦秦把赵攻下来了，秦就会变强大，而楚则失去了一个盟友，变得势单力薄。宋义的说法其实站不住脚。但这还不是问题的关键，关键是他对项羽的态度。宋义觉得自己是上将军，你一个次将凭什么对我指手画脚。他把对项羽的不满完全流露了出来。他说："上阵杀敌，我不如你；但是论打仗，讲谋略，你和我比就差远了。"这话说得傲慢了。它就像一根刺，扎进了项羽心里。

因下令军中曰："猛如虎，很如羊，贪如狼，强不可使者，皆斩之！"

紧接着，宋义还颁布了一条军令。这条军令的内容是：凡是像老虎一样凶猛，像羊一样倔强，像狼一样贪婪，不听指挥，自以为是的，直接斩了！这条军令的每一个字，都是为项羽准备的。宋义的愚蠢暴露无遗。他想巩固自己最高统帅的地位，想消除自己身边反对的声音，想把项羽踩在脚底下，于是他采取了最简单的办法：强行压制。他根本不了解项羽的脾气。项羽是那种你越压他，他越要反抗的人。很显然，宋义并不懂得权力游戏的玩法，他给自己把坟墓挖好了。

乃遣其子宋襄相齐，身送之至无盐，饮酒高会。天寒大雨，士卒冻饥。

宋义把他的儿子宋襄派到齐国去当相邦了，还亲自把儿子送到无盐。"饮酒高会"，就是大摆宴席，吃喝玩乐。司马迁厉害，前一句还是"饮酒高会"，后面紧接着八个字，"天寒大雨，士卒冻饥"。两个句子分开写，中间再写点别的，是历史。但是司马迁连起来写，就是文学。这个画面的对比太强烈了，一边是宋义、宋襄吃好的喝好的，一边是将士们在寒风里忍饥挨饿。用高适的诗来说，就是"战士军前半死生，美人帐下犹歌舞"；用杜甫的诗来说，就是“朱门酒肉臭，路有冻死骨”。宋义的这个行为，给项羽提供了机会。

> 项羽曰：“将戮力而攻秦，久留不行。今岁饥民贫，士卒食芋菽，军无见粮，乃饮酒高会，不引兵渡河因赵食，与赵并力攻秦，乃曰‘承其敝’。夫以秦之强，攻新造之赵，其势必举赵。赵举而秦强，何敝之承！且国兵新破，王坐不安席，埽境内而专属于将军，国家安危，在此一举。今不恤士卒而徇其私，非社稷之臣！”

项羽对着将士们发表了一通讲话。我们首先要搞清楚项羽讲话的目的。很简单，为杀宋义找一个合理的借口。他需要舆论站在他这一边，他要让大家充分意识到，宋义是我们的敌人。项羽的讲话很有水平。第一，他成功激化了将士和宋义之间的矛盾。他说：“今岁饥民贫，士卒食芋菽，军无见粮，乃饮酒高会……”大意是：“你看看，我们吃的是什么？豆子，野菜。再看看他宋义吃的，是大鱼大肉！”第二，否定宋义的军事战略。“夫以秦之强，攻新造之赵，其势必举赵。赵举而秦强，何敝之承！”这话的意思是，秦攻下了赵，就会更强，根本不会像宋义说的那样。第三，渲染形势的危急，让大家意识到，如果宋义继续担任总指挥官，整个楚军将危在旦夕。“且国兵新破，王坐不安席，埽境内而专属于将军，国家安危，在此一举。”所有兵都在他宋义手里了，他要是错了，我们就全都完啦！很明显，项羽的这番演讲是成功的。

项羽晨朝上将军宋义，即其帐中斩宋义头，出令军中曰："宋义与齐谋反楚，楚王阴令羽诛之。"

有了舆论的支持，项羽就不需要再犹豫了。早上去见宋义，直接在军帐里把宋义的头砍下来了。这对项羽来说，是很轻松的事。死了的人是说不了话的，活着的人负责告诉大家，真相是什么。项羽给宋义扣上了一个谋反的罪名。项羽说宋义和齐国联合，想要对楚不利。这个理由也说得过去，毕竟宋义把自己的儿子送到齐国去当官了。同时项羽告诉大家，是楚怀王密令自己杀掉宋义的。这就直接将了楚怀王一军。这一招厉害，既把杀宋义的责任从自己身上推了出去，同时楚怀王还不能不认——要是不认，下一个死的，估计就是他了。项羽敲山震虎，给楚怀王上了一课。

当是时，诸将皆慑服，莫敢枝梧，皆曰："首立楚者，将军家也。今将军诛乱。"乃相与共立羽为假上将军。

这里再点一笔诸将的反应。大家怕得不得了。"皆慑服，莫敢枝梧"，和前面讲的"皆已惮籍矣""皆慑伏，莫敢起"是一个意思。司马迁反复写众人的恐惧，写项羽是以勇力威慑诸将。大家都跑到项羽跟前讨好他:“当初复兴楚国的，本来就是将军家，现在将军这是诛杀乱贼。”项羽重新把兵权握在了自己手里。

使人追宋义子，及之齐，杀之。使桓楚报命于怀王。怀王因使项羽为上将军。当阳君、蒲将军皆属项羽。

做事情，要做得干净；斩草，还要除根。既然杀了宋义，就不能让宋义的儿子也活在这个世界上，于是项羽派人去齐国杀了宋襄。这是防止宋襄以后报仇。同时项羽让桓楚把这一系列变故向楚怀王汇报。怀王不是个傻子，当他收到宋义已死的消息时，立马清楚发生了什么。之前诸将一起把项羽立为“假上将军”，所谓“假”，就是临时的、暂代的。楚怀王干脆下令，直接封项羽为“上将军”。这是在向项羽示好，同时撇清自己和宋义的关系——他是他，我是我。项羽现在感到很满足。接下来，他要用一场战争，来证明自己的实力。

三

项羽已杀卿子冠军，威震楚国，名闻诸侯。乃遣当阳君、蒲将军将卒二万渡河，救巨鹿。战少利，陈馀复请兵。项羽乃悉引兵渡河，皆沈船，破釜甑，烧庐舍，持三日粮，以示士卒必死，无一还心。

司马迁用了八个字形容当时的项羽，“威震楚国，名闻诸侯”。项羽先是派了黥布、蒲将军带着两万兵马去巨鹿城救赵。接着自己率领全部人马渡河。项羽让将士把船凿沉，把做饭的锅砸烂，把房屋全烧了，只带三天的粮食。项羽的目的很简单，他要让所有士兵知道，现在只有一条路可走，那就是前进的路。退，是没得退了。只有把敌人打败，你才能活下去。这一招好用吗？好用。打仗，士气很重要。如果你的对手是一群不怕死的人，那你就没什么胜算了。人一旦没有退路，潜力就会最大程度地被激发出来。

于是至则围王离，与秦军遇，九战，绝其甬道，大破之，杀苏角，虏王离。涉间不降楚，自烧杀。

结果在意料之中，苏角被杀，王离被俘，涉间自杀，项羽“大破之”。

当是时，楚兵冠诸侯。诸侯军救巨鹿下者十馀壁，莫敢纵兵。及楚击秦，诸将皆作壁上观。楚战士无不一以当十。楚兵呼声动天，诸侯军无不人人惴恐。

如果说，项羽杀宋义，只是让楚军服了，那么巨鹿一战，楚军让诸侯军都服了。当时救赵的各路诸侯都在军营里待着，“莫敢纵兵”。他们怕，怕和秦军作战。等到楚军来了，这些将领都出来观战。这里司马迁用了两个“无不”。第一个“无不”，是写楚军将士的勇猛，一个能当十个使。两个表否定的字放在一块儿，有一种不管不顾、杀红了眼的感觉。第二个“无不”，写出诸侯军的怕。之前怕，是怕秦军，怕章邯；现在怕，是怕楚军，怕项羽。

> 于是已破秦军，项羽召见诸侯将，入辕门，无不膝行而前，莫敢仰视。项羽由是始为诸侯上将军，诸侯皆属焉。

项羽大败秦军。战胜之后，项羽召见各路诸侯将领。请注意，这些将领的反应很有意思。这里出现了第三个“无不”——“无不膝行而前”，都跪在地上，用膝盖往前挪。这里有夸张的成分，但司马迁觉得，不夸张，不足以写出这些人的怕；不写出这些人的怕，不足以表现项羽的勇猛。这些人压根儿不敢抬头看。项羽杀了会稽郡的郡守殷通，当时府里的人“莫敢起”，这是第一个“莫敢”；项羽杀了宋义，诸将“莫敢枝梧”，这是第二个“莫敢”；现在巨鹿之战，项羽战胜了秦军，诸侯将领“莫敢仰视”，这是第三个“莫敢”。这三个“莫敢”，背后其实是一个字——怕。项羽所到之处，大家的心情，都是怕。这三个“莫敢”，也串联起了项羽的成长之路，从一开始杀殷通起事，到后来杀宋义，成为楚国的上将军，再到现在，成为各路诸侯的上将军，项羽一步一步走上了人生的高峰。

四

> 章邯军棘原，项羽军漳南，相持未战。秦军数却，二世使人让章邯。章邯恐，使长史欣请事。至咸阳，留司马门三日，赵高不见，有不信之心。长史欣恐，还走其军，不敢出故道。赵高果使人追之，不及。欣至军，报曰：“赵高用事于中，下无可为者。今战能胜，高必疾妒吾功；战不能胜，不免于死。愿将军孰计之。”

暂且按下项羽不表，现在说一说章邯。作为秦国最后的希望，章邯来到了他人生的十字路口。巨鹿之战让章邯意识到了项羽的实力。但项羽毕竟是外部的敌人，外部的敌人再厉害，也还是可以对付的，难对付的，永远是自己人。一个团体要完蛋，首先是从内部开始烂的，大秦也是这样。

秦军接连失败，秦二世派人责备章邯。章邯害怕呀，赶紧派长史欣回去解释情况。长史欣，就是司马欣，前面出现过，曾经救过项梁的命，那时候他还只是个管监狱的小吏。司马欣马不停蹄地赶回咸阳。现在咸阳城里说了算的那个人，是赵高。赵高不见司马欣。司马欣怕了，于是赶紧跑，不敢从之前来的路跑，另找了条小路。一见到章邯，司马欣就把情况交代了：“你赢了，赵高嫉妒你的战功，肯定会想办法整你；你输了，那正好，干脆直接杀了你。情况，就是这么个情况。”章邯难啊，赢也不是，输也不是，命运似乎把他往另一条路上推。他的信念动摇了，他开始怀疑自己之前为大秦付出的一切，是不是还有意义。

在章邯左右为难的时候，他收到了一封来自陈馀的书信。这封书信让章邯的信念彻底瓦解了。陈馀这封信写得好，晓之以理，动之以情，帮助章邯分析清楚了现在的局势。章邯现在是“有功亦诛，无功亦诛”，只要还给秦卖命，左右都是个死。但是，章邯还有另外一个选择，那就是加入反秦的队伍，大家一起把秦推翻，这样将来就能分一块地自己做王。这条路的前途无比光明，对章邯来说是一个充满诱惑的选择。

> 章邯狐疑，阴使候始成使项羽，欲约。约未成，项羽使蒲将军日夜引兵度三户，军漳南，与秦战，再破之。项羽悉引兵击秦军汙水上，大破之。

章邯派人去和项羽谈。陈馀的那封信帮助他认清了真相，他对秦已经彻底失去了信心。他为秦卖了一辈子命，但最后却是这么个下场。在这个时候，他已经放弃了作战的准备，所以整个军队完全不在状态。“约未成”，也就是正在谈，但条件还没彻底谈妥的时候，项羽不谈了。项羽带兵趁机重创秦军。“再破之”“大破之”——对方在毫无准备的情况下，被项羽大败。项羽这么做的理由很简单：第一，彻底断绝章邯回秦国的念想——你连着失败，回去只能是死路一条；第二，削弱章邯的实力，击碎章邯谈判的资本。

章邯使人见项羽，欲约。项羽召军吏谋曰：“粮少，欲听其约。”军吏皆曰：“善。”项羽乃与期洹水南殷墟上。

章邯吃了败仗以后，再次派人来和谈。项羽觉得是时候了，现在可以坐下来好好谈。项羽对大家说的理由是“粮少”，也就是吃的不够了，但这只是项羽表面的说辞。和谈的真正原因，是项羽等不及了。

已盟，章邯见项羽而流涕，为言赵高。项羽乃立章邯为雍王，置楚军中。使长史欣为上将军，将秦军为前行。

两边谈妥了，章邯来见项羽。一见项羽，章邯痛哭流涕。一个杀神，在对手面前流下了眼泪，很显然，章邯是装的。为什么要装？为了博取项羽的同情。在章邯看来，即便自己投降了，项羽也未必能容得下自己，所以一上来，章邯先打感情牌。

章邯的顾虑是对的，因为他和项羽，确实有着不共戴天之仇。

楚被秦灭，这是第一重，国仇。项家世世为楚将，项羽的祖父项燕被王翦打败，最后自杀，这是第二重，家恨。项梁抚育项羽长大，教他读书、练剑，带着他组建队伍，反秦复楚，两个人情同父子，而项梁就死在章邯的手上，这是第三重，切肤之恨。无论如何，项羽都不应该放过章邯。

但是项羽放了章邯。不仅放了章邯，还立他做了雍王。

为什么？因为项羽不想再打下去了。不是因为怕打不赢，是他一刻也不想等了。他想立即结束和章邯的战争，直入咸阳。当初怀王和诸侯约定，谁先入关中，谁就可以在关中称王。而现在，刘邦或许已经进入关中了，项羽没有耐心再继续耗下去了。在报仇和称王关中之间，他选择了后者。

但这个选择，大错特错。留下章邯，项羽失去的是人心。跟着项羽的那帮兄弟觉得心寒——一个连大仇都不肯报的人，得多冷血。

到新安。诸侯吏卒异时故繇使屯戍过秦中，秦中吏卒遇之多无状，及秦军降诸侯，诸侯吏卒乘胜多奴虏使之，轻折辱秦吏卒。秦吏卒多窃言曰："章将军等诈吾属降诸侯。今能入关破秦，大善；即不能，诸侯虏吾属而东，秦必尽诛吾父母妻子。"

一个新的情况出现了。过去，诸侯军的这些士兵曾经到关中服过徭役。他们去服役的时候，秦的这些吏卒对他们不怎么样，经常又打又骂的。现在秦军降了，诸侯军的士兵找到了报仇的机会，于是他们对秦的这些俘虏也是又打又骂。这些俘虏偷偷商量："现在这帮人，要是能把秦灭了，那最好。万一要是不能，他们肯定又带着咱们这帮人往东走，那咱们的爹妈老婆孩子就遭殃了，秦肯定不能留他们条活路。"

诸将微闻其计，以告项羽。项羽乃召黥布、蒲将军计曰："秦吏卒尚众，其心不服，至关中不听，事必危，不如击杀之，而独与章邯、长史欣、都尉翳入秦。"于是楚军夜击阬秦卒二十馀万人新安城南。

有人听到了俘虏的话，跑去向项羽告密。项羽把黥布、蒲将军叫过来商量这个事儿。最后项羽决定：杀，一个不留。于是二十万秦军，在一夜之间，被楚军活埋。二十万，写在纸上，只是一个数字，但这背后曾经是一条条鲜活的生命。项羽做出这个决定，丝毫没有犹豫，正如他当初坑杀襄城的军民一样。他冷血、无情、残忍，对于生命毫无怜悯之情。这样的人，可以成为天下共主吗？

巨鹿之战，是项羽人生的高峰。他成了诸侯军的领袖，可以号令千军万马。但紧接着，他的两个举动为他日后的失败埋下了伏笔：第一，留下章邯；第二，坑杀了二十万秦军。这二十万秦军的父母妻儿还在关中，对他们而言，项羽是仇人，他们不会拥戴这个杀死自己儿子、丈夫、父亲的人。项羽还没有进入关中，就已经失掉了关中的人心。项羽始终没弄明白一件事，那就是——得人心者得天下。他一直以为，凭借勇力就可以控制所有人。但跟随他的人，对他的感情只是怕，而这个怕，总有一天会转化成恨。这些项羽不懂，他现在只想快点儿进入关中，他要去摘取自己胜利的果实。

然而，在关中等待他的，是一个叫刘邦的人。

刘邦和项羽会面之后，历史会如何转向？

我们下回再说。

宴会杀机四伏：

《项羽本纪》（三）

一

巨鹿之战，项羽威震诸侯。他本来以为自己接下来的路会畅通无阻——秦已经完蛋了，胜利在不远处朝着自己招手。就差一步了，这一步似乎可以轻轻跨过去。但现实是，项羽遇到了阻碍。尽管这个阻碍不大，但是项羽很生气。

> 行略定秦地。函谷关有兵守关，不得入。又闻沛公已破咸阳，项羽大怒，使当阳君等击关。项羽遂入，至于戏西。

第一，函谷关有兵把守。守就守吧，问题是他们不让项羽进去。这就过分了，这是把项羽当成敌人，摆明了要开战。第二，项羽听说刘邦已经攻破咸阳了。按照之前楚怀王的约定，谁先进入关中，谁就可以在关中称王。这下好了，刘邦要把最好的一块地方拿走了。项羽非常生气。项羽生气的结果就是，打！往死里打！但是刘邦手下的这帮人根本禁不起打，于是项羽很轻松就进来了。

沛公军霸上，未得与项羽相见。沛公左司马曹无伤使人言于项羽曰："沛公欲王关中，使子婴为相，珍宝尽有之。"

刘邦的军队在霸上，也就是今天的白鹿原。这时候，刘邦和项羽两个人还没见面，这就给一个人创造了机会，这个人叫曹无伤。曹无伤是刘邦阵营的人，但是他在心里盘算了一番之后，决定倒戈。为什么？第一，巨鹿之战让项羽的名声传遍天下，所有人提起项羽，下意识的反应都是怕。这个人的实力太强了。那些诸侯将领对他的态度是"无不膝行而前，莫敢仰视"。之前秦国实力最强的章邯也投降了。现在战斗实力排行榜第一的位置，非项羽莫属。刘邦，感觉不是很厉害。第二，项羽兵多啊。项羽现在手上的兵是四十万，对外宣称一百万。刘邦呢？只有十万，对外宣称是二十万。四比一，差距悬殊。从后面我们可以得知一个信息，项伯知道项羽要打刘邦之后，连夜跑来劝好朋友张良离开。这说明，在项伯眼里，刘邦根本没胜算。所以曹无伤小脑袋瓜一转，决定投靠项羽。

于是曹无伤派人到项羽跟前捎话：第一，刘邦想要当关中王；第二，他打算让秦王子婴当自己的相；第三，关中所有的好东西，已经全都进了刘邦的口袋了。

这话狠啊，但不狠不行。对曹无伤来说，自己的这番话，一定要起到见血封喉的效果。他派人去找项羽，第一，为了向项羽表明立场，和刘邦完全划清界限；第二，为了向项羽提供有价值的情报。在《高祖本纪》里，曹无伤这番话后面还有四个字，“欲以求封”，他想在项羽打下天下之后，分一块蛋糕。但人家凭什么分给你？光凭你来打刘邦的小报告？很显然，曹无伤需要证明自己的价值。曹无伤是刘邦手下的司马。司马是干什么的？管理军政的。也就是说，刘邦军队什么情况，曹无伤一清二楚。我们可以推断，曹无伤一定向项羽泄露了刘邦的军情。为了达到“求封”的目的，曹无伤还需要充分激发项羽的愤怒，他要让刘邦和项羽之间的矛盾无可调和。项羽一定要出兵，要是项羽不来打刘邦，自己的行动万一被刘邦知道了，这条小命就没了。所以，对项羽说的话一定要狠，哪怕是瞎编，也要编到让项羽把肺管子给气炸了。

项羽大怒，曰：“旦日飨士卒，为击破沛公军！”当是时，项羽兵四十万，在新丰鸿门，沛公兵十万，在霸上。

曹无伤的每一句话都打在了项羽的心上。项羽大怒。前面进函谷关的时候，已经大怒过一次了。这次项羽又生气了。项羽生气的结果很严重，他传令下去：“明天早上大家吃好喝好，给我把刘邦的军队往死里打！”许嘉璐先生说：“古人一日两餐，第一顿饭叫朝食……大约相当于上午九点左右……旦日是一大早，太阳刚刚露出地平线，这时本不该吃饭。项羽的意思是半夜做饭，天一蒙蒙亮就‘享士卒’，早早进军，早点把刘邦消灭。一句“旦日享士卒”集中表现了他急不可耐的心情。”（《中国古代衣食住行》）司马迁在项羽的话后面加了一句很冷静的叙述：“当是时，项羽兵四十万，在新丰鸿门，沛公兵十万，在霸上。”这句话冷静得可怕。司马迁似乎在告诉我们，一旦打起来，结果是没有悬念的。

> 范增说项羽曰：“沛公居山东时，贪于财货，好美姬。今入关，财物无所取，妇女无所幸，此其志不在小。吾令人望其气，皆为龙虎，成五采，此天子气也。急击勿失。”

范增感受到了项羽的愤怒，于是赶紧补了一刀。他要在已经燃起来的大火上再添一根柴。他说：“过去的刘邦，喜欢钱，喜欢美女。但现在的刘邦，变了。自从他入关以后，钱也不要，美女也不要。这说明什么？这说明他想要的更多。我找人看了他的气，那可是天子的气。这次是个大好的机会，一定要把他置于死地，机不可失。”

范增说得有道理吗？有。按理说，这一番话应该起到它应有的效果，至少，项羽应该对范增有所回应。但很奇怪，司马迁在范增这番话后面留下了大面积的空白。这片空白，是项羽的沉默。项羽为什么沉默，我们后面说。

至于范增说刘邦“志不在小”，这有点儿高看刘邦了。我们不妨看看《留侯世家》里刘邦入关后的反应：

> 沛公入秦宫，宫室帷帐狗马重宝妇女以千数，意欲留居之。樊哙谏沛公出舍，沛公不听。

刘邦一进秦宫，高兴啊，看到财宝、美女，不计其数，就不走了，说啥也不走了。后来樊哙、张良好说歹说才把刘邦劝出去。司马迁把刘邦写得很真实，这就是人，这就是人的正常反应。刘邦的内心住着一个普通人，这个普通人喜欢钱，也喜欢美女。但是刘邦有一点很好，就是听劝，他愿意听周围人的建议。项羽就不是。不是每个人都愿意听别人的话。所以刘邦从来都是一个团队在战斗，但项羽，永远只是一个人。

二

> 楚左尹项伯者，项羽季父也，素善留侯张良。张良是时从沛公，项伯乃夜驰之沛公军，私见张良，具告以事。欲呼张良与俱去。曰："毋从俱死也。"张良曰："臣为韩王送沛公，沛公今事有急，亡去不义，不可不语。"

此时的刘邦，还没有意识到危险即将降临。但幸运的是，在危险降临之前，事情出现了转机。一个关键人物，来到了刘邦军中。但他不是来见刘邦的，他是来找张良的。这个人叫项伯，项羽的叔叔。

项伯和张良关系好，大晚上马不停蹄跑过来，偷偷见到张良，把项羽那边儿的情况全都说了。前面说“旦日飨士卒”，这里说“夜驰之”，“旦日”“夜”这些字眼连在一起看，有一种时间不多的紧张感。项伯本来的想法很简单，带着张良跑就完了。但是张良拒绝了，张良说：“现在沛公这边儿情况危急，我一走，显得很不仗义，我得先去和沛公通个气。”人在危险的时候做出的选择，最能显示一个人的性格。张良这人，值得深交。

良乃入，具告沛公。沛公大惊，曰：“为之奈何？”

张良见到刘邦，把事情原原本本说了。刘邦的反应是“大惊”，他压根儿就没想到。紧接着，刘邦说出了他一生中说过无数次的经典台词：“为之奈何？”翻译过来就是：咋办啊？快说快说，咋办啊？刘邦一生中遇到过无数次危机，每次遇到危机，他就把这句话搬出来了。这就是一个好的领导者的特质：广泛听取有用的建议。没有哪一个人是全能的，一个人厉害，往往是因为他懂得借力——借助别人的力量，完成自己的事业。刘邦就是这种人，虽然他每次说这句话的时候，看起来都很㞞，甚至有点儿窝囊。

张良曰："谁为大王为此计者？"曰："鲰生说我曰：'距关，毋内诸侯，秦地可尽王也。'故听之。"

张良很冷静，他现在需要把情况摸清楚，他需要知道是谁让刘邦这么干的，这么干的目的是什么。搞清楚这些，他才能重新帮刘邦制定新的方略。鲰，是小鱼的意思。鲰生，就是小子。刘邦说："都怪那个小子！他说只要守住函谷关，谁也不放进来，我就能在秦国的土地上称王，我……我才这么干的。"刘邦做这个决定的时候考虑过自己的实力吗？考虑过如果将来各路诸侯杀过来，自己有能力对抗吗？没有。为什么？因为人一旦面对巨大的诱惑，头脑就不清楚了。摆在刘邦面前的，是一块巨大的蛋糕。而现在有一个人提出来，你可以自己吞掉这块蛋糕，不需要和任何人分享，刘邦当然会乖乖接纳这个建议。

良曰："料大王士卒足以当项王乎？"沛公默然，曰："固不如也，且为之奈何？"

张良继续问："你觉得你手下的军队，能打得过项羽的军队吗？"刘邦沉默了。"默然"这两个字太生动了，这里边包含了非常丰富的信息——是刘邦的千回百转，是他羞于承认，但又不得不承认。他没法直截了当地说："打不过。"于是他只能沉默。但总不能一直沉默，于是他赶紧转移话题："确实不如，但你现在就说，接下来怎么办吧？”

> 张良曰：“请往谓项伯，言沛公不敢背项王也。”沛公曰：“君安与项伯有故？”张良曰：“秦时与臣游，项伯杀人，臣活之。今事有急，故幸来告良。”

好在现在事情有了转机，关键就在项伯这里。张良说：“我去和项伯说，让他告诉项羽，大王你不敢背叛项王。”刘邦一听，这个办法好，但紧接着他就警惕起来。项伯？项伯是项羽的人，他怎么肯帮我去说话？而且你张良为什么会和项伯有联系？这里边儿是不是还有什么我不知道的事？于是刘邦问张良：“你咋认识的项伯？”张良说：“过去我们俩认识，他杀了人，我救了他一命。如今事情紧急，多亏他来告诉我。”年轻时候的张良，喜欢行侠仗义，是个热血青年，这个我们放在《留侯世家》里详细介绍。

> 沛公曰：“孰与君少长？”良曰：“长于臣。”沛公曰：“君为我呼入，吾得兄事之。”

刘邦放心了，毕竟张良这人从来不说假话。于是刘邦决定抓住这一线生机，他立即摆出了一副很社会的姿态，说：“你和他，谁大？”张良说：“项伯大。”刘邦说：“太好了。你赶紧帮我把他请进来。啥也不说了，今天我刘邦多了一个哥哥。他比我亲哥还亲，不对，他就是我亲哥。快把我项伯大哥请进来。”刘邦身边有那么多能人，这些人愿意跟着刘邦混不是没理由的。和刘邦在一块儿，没什么距离感，而且他是那种愿意对你好的人，不管这种好是出于真心还是有什么别的目的。他赚一百，能分给手下的人八十，这就是刘邦。

三

张良出，要项伯。项伯即入见沛公。沛公奉卮酒为寿，约为婚姻，曰：“吾入关，秋豪不敢有所近，籍吏民，封府库，而待将军。所以遣将守关者，备他盗之出入与非常也。日夜望将军至，岂敢反乎！愿伯具言臣之不敢倍德也。”

项伯进来了，一进来，就被刘邦的热情惊呆了。刘邦不光把项伯当成自己的大哥，还亲自举着杯子来到项伯面前，给项伯敬酒。刘邦还和项伯结了儿女亲家。本来还只是兄弟，现在更亲了，亲上加亲。这些变化仅仅发生在几分钟之内。项伯感到脚底下轻飘飘的，一切都显得那么不真实。

刘邦说话了。刘邦说：“自从我进到关中，我是一分钱也没敢拿。我把关中的百姓登记造册，把府库全都封起来。我做这些是为了什么？全都是为了项将军啊。我之所以派人守住函谷关，就是怕别人来偷来抢。我刘邦算什么？我不过是项将军的一条看门狗。我盼星星盼月亮，就盼着项将军来。我怎么敢反呢？您一定要在项将军面前替我美言两句啊。”

刘邦的姿态低吗？很低，非常低，已经低到尘埃里去了。这就是刘邦，能屈能伸，需要屈的时候，一点儿不含糊。刘邦左一个“将军”，右一个“将军”，说得非常流畅。而刘邦说到自己的时候，称的是“臣”，分寸把握得十分到位。

> 项伯许诺，谓沛公曰：“旦日不可不蚤自来谢项王。”沛公曰：“诺。”

于是项伯答应了，说：“明儿早上可得早点儿来啊，早点儿来赔礼道歉。”刘邦说：“好好好，一定早到。”

> 于是项伯复夜去，至军中，具以沛公言报项王。因言曰：“沛公不先破关中，公岂敢入乎？今人有大功而击之，不义也，不如因善遇之。”项王许诺。

于是项伯又连夜回去了。前面说“旦日不可不蚤自来谢项王”，这里说“复夜去”，又是一个“旦日”、一个“夜”，所有的这一切都发生在一个晚上。情况的危急，时间的紧迫，都在这些字眼里。

问题出现了。司马迁说项伯“具以沛公言报项王”。什么是“报”？“报”就是回复。有人派你出去，你才需要来回复。现在的问题是，谁派你出去了？没有人派你，你回来“报”什么？你的“报”难道不会引起项羽的怀疑吗？很显然，会。还有几个小时我们就要开战了，你大晚上跑到敌方的阵营去干什么？你不仅跑到敌方的阵营，而且还带回了对方的消息，你和刘邦是什么关系？这些问题很容易出现在项羽的脑子里。而一旦项羽起疑，项伯就会处在一个非常危险的境地。项伯会意识到自己向项羽汇报之后有可能面临的怀疑和危险吗？当然会。那为什么他还要坚持选择汇报？还要选择替刘邦说好话？是因为义气吗？是因为信用吗？都不是。答案只有一个，那就是刘邦给项伯的，太多了。刘邦给项伯的报酬，以及许诺给项伯未来的报酬，都太多了。这些报酬完全值得让项伯冒着危险，也要保下刘邦。刘邦不可以死，刘邦死了，自己那份儿就没有了。项伯在刘邦那里得到的，是他从来没有在项羽这里得到过的。刘邦给了项伯尊重，给了项伯地位，当然，刘邦还给了项伯未来——刘邦开出了一张关于未来的支票，这张支票上的数额，买下了项伯的心。

于是项伯在项羽面前说了一大通刘邦的好话。项伯说：“现在人家有功，我们却去打他，不合适，不如趁机好好善待他吧。”项羽答应了。

很奇怪，对不对？项羽竟然答应了。之前无比震怒的项羽，要把刘邦置于死地的项羽，竟然答应了。为什么？

我们把几处细节放在一起，你就会发现问题了。

首先，我们回到项羽生气的场景。

> 沛公左司马曹无伤使人言于项羽曰："沛公欲王关中，使子婴为相，珍宝尽有之。"项羽大怒。

请注意，当曹无伤的人说完最后一句话的时候，项羽大怒。最后一句话是"珍宝尽有之"，这句话是触发项羽愤怒的直接诱因。

我们再回到范增和项羽的对话。

> 范增说项羽曰："沛公居山东时，贪于财货，好美姬。今入关，财物无所取，妇女无所幸，此其志不在小。吾令人望其气，皆为龙虎，成五采，此天子气也。急击勿失。"

范增说完这番话之后，项羽沉默了。不应该呀。范增告诉项羽，有一个人将来会当天子，这个人要和你争天下。可是，项羽沉默了。为什么？因为项羽听到了范增前面说的话，"今入关，财物无所取，妇女无所幸"。本来，他以为刘邦"珍宝尽有之"，但现在看来，那些东西还在那里，没人动过。

我们回到项伯向项羽汇报的场景。项伯"具以沛公言报项王”，也就是说，项伯把刘邦说的话，原原本本转述给了项羽。刘邦说了什么呢？

沛公奉卮酒为寿，约为婚姻，曰：“吾入关，秋豪不敢有所近，籍吏民，封府库，而待将军。所以遣将守关者，备他盗之出入与非常也。日夜望将军至，岂敢反乎！愿伯具言臣之不敢倍德也。”

刘邦说“吾入关，秋豪不敢有所近”，于是，项羽的气消了。

把这三处细节合在一起看，就会知道项羽是个什么人了。你会发现他为什么愤怒，也会明白他为什么答应了项伯的请求。他在乎的，只是属于自己的那块蛋糕。现在那块蛋糕既然完好无损，那么刘邦，打不打也就无所谓了。

四

沛公旦日从百馀骑来见项王，至鸿门，谢曰：“臣与将军戮力而攻秦，将军战河北，臣战河南，然不自意能先入关破秦，得复见将军于此。今者有小人之言，令将军与臣有郤。”

第二天一早，刘邦带着一百多个人来见项羽。刘邦这辈子，从来没像现在这么软过。现在的刘邦，比水还软。对项羽，刘邦称的是“将军”；对自己，刘邦称的是“臣”。称呼，是一种姿态，一上来，先把关系摆正：我永远是你的下属，永远不可能爬到你的头上去。刘邦这一番话，每一个字都大有讲究。刘邦说：“当初咱俩一起攻秦，可我是真没想到自己能先入关。”“不自意”这三个字太好了。刘邦的潜台词是，我从来就没想着先入关，但现在我踩了狗屎运，先进来了，但我绝不可能享受胜利的果实。最后，把锅甩出去，甩到小人身上。刘邦说：“小人，绝对有小人，肯定是哪个小人在挑拨你我兄弟的关系。”刘邦说这句话的时候，压根儿不知道是谁出卖了他。

项王曰：“此沛公左司马曹无伤言之；不然，籍何以至此。”

刘邦一番话说完，项羽的气彻底消了。在项羽眼里，眼前这个人没有丝毫攻击性，完全构不成威胁。气一消，就放松了警惕；一放松警惕，连线人顺带着也交代了。项羽说：“都怪你的左司马曹无伤。要不是他，我怎么至于去打你？”刘邦表面上风平浪静，但他心里记住了：原来是你小子。

项王即日因留沛公与饮。项王、项伯东向坐，亚父南向坐。亚父者，范增也。沛公北向坐，张良西向侍。

接下来吃饭。吃饭的座位大有讲究。如果只有东西两个方向，那么“东向坐”，也就是坐在西边的人，比较尊贵。请客吃饭，客人一般“东向坐”。如果只有南北两个方向，那么“南向坐”，也就是坐在北面的人，比较尊贵。君主和臣子，君主都是坐北朝南。如果东南西北四个方向都有，那就是现在这种情况，“东向坐”，最尊贵。现在项羽、项伯是“东向坐”。其次是“南向坐”，也就是亚父坐的位置。这里司马迁补了一句，亚父是谁？亚父就是范增。项羽很尊重范增，范增也确实给项羽出了不少主意。但很可惜，后来陈平一招反间计，就让项羽对范增起了疑心。再其次，是刘邦的位置。最后一等，是张良的位置。

请问，这个座次，是谁安排的？要回答这个问题，需要先问，这个座次安排，谁最满意？答案是项羽。为什么？因为按照常理，项羽请客，刘邦是客人，刘邦应该“东向坐”，也就是坐在项羽现在的位置上。但现在刘邦“北向坐”，也就是坐在了一个很卑微的位置上，显得毫无攻击性。项羽心里很高兴，他很满意刘邦的姿态。项羽高兴了，最大的获益者是谁？是刘邦。这样一坐，项羽的怒气就消弭于无形了，获益的当然是刘邦。他这次来的目的，就是要让项羽消气。那么，到底是谁安排的座位呢？有学者推断是项伯。我们可以利用排除法，首先排除刘邦和张良，他们俩是客人，不可能来安排座位；其次排除范增。范增巴不得项羽快点杀掉刘邦，不可能安排一个让刘邦获益的座位。现在只剩下两个人，项羽和项伯。有可能是项羽吗？有可能。他可能实在不把刘邦放在眼里，压根儿就没把他当客人。当然，更有可能的，是项伯。项伯故意安排了这样的座次。前面我们分析过，即便冒着危险，项伯也要替刘邦向项羽陈情，他需要刘邦活着，刘邦活着，他的“支票”才会兑现。

当然了，更有可能的情况是，项伯身后的人——张良。在项伯离开刘邦的军帐之前，张良就预先和项伯谋划好了。他告诉了项伯要对项羽说的话，也告诉了项伯，吃饭的时候座位应该如何安排。

范增数目项王，举所佩玉玦以示之者三，项王默然不应。

现在，项羽基本上搞定了，但是还有一个人，范增。范增是非杀刘邦不可的。“数目”，就是多次给项羽使眼色，但是项羽好像没看见。于是范增又拿出自己身上的玉玦，冲着项羽举了好几次。“玦”和“决”同音，范增的意思是，要下定决心啊。但是项羽的反应是“默然不应”，他看见了，但是装没看见。

范增起，出召项庄，谓曰：“君王为人不忍，若入前为寿，寿毕，请以剑舞，因击沛公于坐，杀之。不者，若属皆且为所虏。”

范增急了，出去找项庄，对他说：“大王不忍心，你去把刘邦干掉。你进去敬酒，敬完酒，给大家舞剑，趁机杀了刘邦。刘邦要是今天不死，我们这些人以后都要被他收拾了。”

> 庄则入为寿。寿毕，曰：“君王与沛公饮，军中无以为乐，请以剑舞。”项王曰：“诺。”项庄拔剑起舞，项伯亦拔剑起舞，常以身翼蔽沛公，庄不得击。

项庄进去敬酒，舞剑。他的剑处处带着杀意。有一个人嗅到了危险的气息，这个人是项伯。对，又是项伯。他姓项，但是在心里，他已经姓刘了。他知道项庄要杀刘邦，但他决不能让项庄得逞，于是他也起来舞剑。“翼蔽”，这两个字很生动，就是像鸟张开翅膀一样挡在刘邦身前。

五

> 于是张良至军门，见樊哙。樊哙曰：“今日之事何如？”良曰：“甚急。今者项庄拔剑舞，其意常在沛公也。”哙曰：“此迫矣，臣请入，与之同命。”

虽然项伯替刘邦挡了项庄的剑，但危险并没有解除。范增既然决心要杀刘邦，一定还会有别的杀招，于是张良必须要搅动一下眼前的形势。他出来找到樊哙。樊哙问："怎么样了？"张良说："危险，非常危险。项庄的剑处处指向沛公。"樊哙说："不好，我得进去，死也得和沛公死在一块儿。"樊哙说话，又是另一番面貌，简单、干脆、直接，有一股豪侠之气。这可能和他的职业也有关，樊哙以前是杀狗的，但仗义每多屠狗辈。

哙即带剑拥盾入军门。交戟之卫士欲止不内，樊哙侧其盾以撞，卫士仆地，哙遂入，披帷西向立，瞋目视项王，头发上指，目眦尽裂。

樊哙带着剑和盾就要往里闯，军帐门口的卫士把戟一横，拦住樊哙的去路。樊哙不管，拿着盾，左边一下，右边一下，两边的卫士直接倒地。一进军帐，樊哙就把眼睛瞪得老大，眼眶都要瞪裂了。他直直地瞪着项羽，每一根头发都往上竖。司马迁很喜欢写人"头发上指"的样子，以此来表现人的心情——写蔺相如面对秦王，头发竖起来了；写众人在易水边送荆轲，头发也竖起来了。

项王按剑而跽曰："客何为者？"张良曰："沛公之参乘樊哙者也。"项王曰："壮士，赐之卮酒。"则与斗卮酒。哙拜谢，起，立而饮之。项王曰："赐之彘肩。"则与一生彘肩。樊哙覆其盾于地，加彘肩上，拔剑切而啖之。

樊哙一进来，项羽紧张了。项羽的紧张体现在两个动作上，一个是“按剑”，一个是“跽”。之前项羽一直是“坐”，但项羽的“坐”，其实相当于我们今天的跪，屁股压在脚上。“跽”，是坐直了身子，屁股离开了脚。樊哙怒气冲冲，项羽把手放在剑上，随时准备迎敌。项羽说：“你是干什么的？”张良说：“这是沛公的警卫员，樊哙。”项羽一听，沛公的人，立马放松了警惕，原来是一家人。项羽说：“赐酒！”樊哙拿过酒来，咕咚咕咚喝下去了。项羽说：“拿猪腿来！”这里有一个细节，“则与一生彘肩”，说明拿来的是一条生猪腿，但这可能并不是项羽的本意。很显然，项羽十分欣赏樊哙，觉得樊哙是个壮士，他让人拿猪腿来，也是为了奖赏樊哙。但是猪腿要烤熟，需要时间，估计还没怎么熟，下边的人就给扛上来了。但是樊哙不在乎，他把盾牌放在地上，把猪腿搁在盾牌上，拔出剑，一块一块切着吃了。

项王曰：“壮士，能复饮乎？”樊哙曰：“臣死且不避，卮酒安足辞！夫秦王有虎狼之心，杀人如不能举，刑人如不恐胜，天下皆叛之。怀王与诸将约曰：‘先破秦入咸阳者王之。’今沛公先破秦入咸阳，豪毛不敢有所近，封闭宫室，还军霸上，以待大王来。故遣将守关者，备他盗出入与非常也。劳苦而功高如此，未有封侯之赏，而听细说，欲诛有功之人，此亡秦之续耳，窃为大王不取也。”项王未有以应，曰：“坐。”樊哙从良坐。

项羽一看，这人有意思，于是说："壮士，能再喝点吗？"樊哙说："我死都不怕，还怕喝酒吗？但我今天来，不是来喝酒的。"接下来，樊哙发表了一番慷慨激昂的演讲。樊哙演讲的核心内容就是：刘邦有功，而且有大功，你现在要杀功臣，那是很不要脸的。樊哙的演讲，逻辑清晰，层次分明，有理有据，十分感人。但问题是，樊哙是一个粗人，打仗可以，说话就差点儿意思。很有可能，这是张良提前安排好的。樊哙的演讲里有这么一句："今沛公先破秦入咸阳，豪毛不敢有所近，封闭宫室，还军霸上，以待大王来。故遣将守关者，备他盗出入与非常也。"这句话的意思是，刘邦进了关中，一分钱也没敢拿，好好地放在那儿，只等着你来。眼熟吗？眼熟。这已经是项羽第三次听到类似的话了——第一次，是在项伯那里；第二次，是在刘邦那里；第三次，是从樊哙这里。不同身份的人，重复的是同一个观点，那么，这个观点就很容易印到脑子里，成为让人深信不疑的事实。谁策划的这一切？张良。

项羽的反应很有意思，"项王未有以应"，什么话也说不出来了。他被樊哙说动了，他让樊哙坐。

六

坐须臾，沛公起如厕，因招樊哙出。

沛公已出，项王使都尉陈平召沛公。沛公曰："今者出，未辞也，为之奈何？"樊哙曰："大行不顾细谨，大礼不辞小让。如今人方为刀俎，我为鱼肉，何辞为。"于是遂去。

坐了一会儿，刘邦出来上厕所，把樊哙也带出来了。沛公出来以后，项羽让陈平去叫刘邦回来。现在的陈平，还是项羽的人，不久之后，陈平就转投刘邦阵营了。陈平这个人，说他有一万个心眼也不为过，他的事儿，我们放到后面《陈丞相世家》里讲。

刘邦现在挺着急。刘邦说："现在出来了，还没和项羽告辞，咋办呀？"又是"为之奈何"。樊哙说："顾不了许多啦！现在人家是刀，是砧板，我们就是砧板上的肉，还辞什么，快走吧！"刘邦一听，樊哙说得有道理，于是带上人就跑。

乃令张良留谢。良问曰："大王来何操？"曰："我持白璧一双，欲献项王，玉斗一双，欲与亚父，会其怒，不敢献。公为我献之。"张良曰："谨诺。"

但是都走了也不像话，于是把张良留下来，处理后边的事。张良也不是个傻子，现在刘邦走了，自己空着手进去，那不是找死吗？于是张良问刘邦来的时候带什么礼物没。刘邦说："带了带了，带了一对白璧，一对玉斗。刚才他们挺生气，没敢拿出来，你一会儿替我送给他们吧。"张良说："好吧。"

> 当是时，项王军在鸿门下，沛公军在霸上，相去四十里。沛公则置车骑，脱身独骑，与樊哙、夏侯婴、靳强、纪信等四人持剑盾步走，从郦山下，道芷阳间行。沛公谓张良曰："从此道至吾军，不过二十里耳。度我至军中，公乃入。"沛公已去，间至军中。

刘邦把来的时候坐的车全都扔下了，自己骑上马，带上几个亲信，从小道就往回跑。走之前刘邦还没忘叮嘱张良："从这到咱们那儿，估计有二十里，你算好时间，千万等我回去了你再进去。"这一顿饭吃得心惊肉跳的，但总算有惊无险，小命保住了。命保住了，就有机会翻盘。

> 张良入谢，曰："沛公不胜桮杓，不能辞。谨使臣良奉白璧一双，再拜献大王足下；玉斗一双，再拜奉大将军足下。"项王曰："沛公安在？"良曰："闻大王有意督过之，脱身独去，已至军矣。"项王则受璧，置之坐上。亚父受玉斗，置之地，拔剑撞而破之，曰："唉！竖子不足与谋。夺项王天下者，必沛公也，吾属今为之虏矣。"

估摸着刘邦回去了，张良进去赔罪。张良把礼物拿出来，项羽说："刘邦人呢？""沛公安在"这四个字写得太好了，写出了项羽如在梦里，人都走了，他梦还没醒呢。对待张良给的礼物，项羽和范增的态度完全不同。项羽拿过来，“置之坐上”，说明很喜欢。但是范增不是，范增眼里压根儿看不上这点破东西，“置之地，拔剑撞而破之”，直接拿剑砍碎了。和天下比，这一对玉斗真算不了什么。范增生气啊，他恨铁不成钢。范增说：“这小子，一点小事都办不成！”“竖子”，意思是小子，指的是项庄。虽然明面上说的是项庄，但其实骂的是项羽。范增看问题很准确，他说：“将来和项王夺天下的，一定是这个刘邦！我们这些人，都会成为阶下囚！”很不幸，范增说中了。

> 沛公至军，立诛杀曹无伤。

交代完项羽和范增的反应之后，司马迁在后面冷冷地接了这么一句。这句话冷极了。一句话，写出刘邦和项羽的区别。项羽，完全是妇人之仁。刘邦，才是真正的狠人——凡是挡在自己前行路上的石头，都要一脚踢开；凡是背叛过自己的人，只有死路一条。曹无伤，得死。

鸿门宴，可以说是中国历史上最著名的一场饭局。一顿饭吃下来，每个人的性格都得到了充分的展示。饭虽然吃完了，但故事还远没有结束。这顿饭，仅仅只是刘项之争的开始。刘项两大阵营斗争的结果如何？

我们下回继续。

一曲悲歌：

《项羽本纪》（四）

一

项羽进入关中以后，分封诸侯，成了当时的天下共主。但很快，大家又纷纷起来造反。天下大乱，群雄相争，最后逐渐演化为刘邦和项羽两大阵营的争斗。战争持续了四年，刘邦最终联合韩信、彭越，把项羽围困在了垓下。垓下之战，是项羽生命中的最后时刻。金戈铁马，英雄末路。这一节，司马迁写得极其精彩。

> 项王军壁垓下，兵少食尽，汉军及诸侯兵围之数重。夜闻汉军四面皆楚歌，项王乃大惊曰："汉皆已得楚乎？是何楚人之多也！"

项羽的军队驻扎在垓下，外面被汉军包围。刘邦用了一个计策，他让将士晚上都唱起楚歌，目的是迷惑项羽，瓦解项羽的军心，让项羽以为，楚人都投降了。项羽果然上当。夜里听到四面楚歌，项羽的反应是"大惊"。我们很少看到项羽大惊，项羽通常是"大怒"。刘邦倒经常"大惊"，"大惊"之后就会问"为之奈何”。此时，项羽的心理防线已经崩溃了。他说：“汉军已经把楚地都占领了吗？为什么外面这么多楚人？”

> 项王则夜起，饮帐中。有美人名虞，常幸从；骏马名骓，常骑之。

听到楚歌，项羽睡不着了，起来喝酒。酒能浇愁，能暂时麻痹紧张的神经。项羽身边，总有一个人伴随左右，这个人就是虞姬，还有一匹马，叫乌骓马。这里看起来是闲笔，但司马迁有他的深意在。司马迁引导我们注意项羽在乎什么：美人、好马。这和刘邦完全不同，刘邦在乎的是：人才、天下。

> 于是项王乃悲歌慷慨，自为诗曰：“力拔山兮气盖世，时不利兮骓不逝。骓不逝兮可奈何，虞兮虞兮奈若何！”

项羽唱了一首自己作的诗。这首诗写得悲凉，项羽唱出来，也悲凉。“力拔山兮气盖世”，这是表明自己的勇力。但是个人的力量在命运面前，似乎不值一提。“时不利兮骓不逝”，项羽把自己的失败、困顿归咎于命运，是“时不利”，上天没有给自己创造机会。最后两句，“骓不逝兮可奈何，虞兮虞兮奈若何”，“可奈何”“奈若何”，写尽英雄失路的无奈。乌骓马跑不快了，虞姬将来又会在何处安身？这首诗其实把项羽的心理表现得很清楚。

他觉得自己“力拔山兮”，拥有过人的才能，应该成功。现在这个结局，是“时不利”，与自己无关。

> 歌数阕，美人和之。项王泣数行下，左右皆泣，莫能仰视。

项羽一个人把这首诗唱了好几遍。虞姬也唱了一首诗，作为对项羽的回应。项羽哭了。这是我们第一次看到项羽流泪。身边的人也都哭了，他们低着头，不去看项羽。从前他们“莫能仰视”“莫敢枝梧”，是因为怕，是不敢；现在“莫能仰视”，是不忍心，他们不忍心看到项羽流泪。

二

> 于是项王乃上马骑，麾下壮士骑从者八百馀人，直夜溃围南出，驰走。平明，汉军乃觉之，令骑将灌婴以五千骑追之。项王渡淮，骑能属者百馀人耳。

前面说过，《项羽本纪》中的数字很值得注意。项梁、项羽起事的时候，“使人收下县，得精兵八千人”。“婴谢不能，遂强立婴为长，县中从者得二万人”。后来，陈婴带着这两万人加入了项梁的队伍。很快，“项梁渡淮，黥布、蒲将军亦以兵属焉。凡六七万人，军下邳”。从八千，到六七万，时间很短。项羽进入关中的时候——“当是时，项羽兵四十万，在新丰鸿门”——已经有四十万人了。可是现在剩了多少呢？现在项羽身边只剩下了八百人。

项羽决定带着这八百人突围。晚上，他们向南边冲出了一个口子。天亮的时候，汉军察觉，于是灌婴带着五千人去追赶。项羽带着人渡过淮河。现在留在项羽身边的，只有一百多个人了。

项王至阴陵，迷失道，问一田父，田父绐曰“左”。左，乃陷大泽中。以故汉追及之。

项羽走到阴陵，结果迷路了。项羽找了一个老头儿问路，但是老头儿骗了项羽，跟他说往左边去。项羽带着人往左边一走，人和马都陷到了沼泽地里。于是汉军追上了项羽的人马。老头儿为什么要骗项羽？因为他不想让项羽赢。如果换一个人问，得到的结果也会是一样的。这一个人，代表的是千千万万的百姓，人心已经不在项羽这边了。

项王乃复引兵而东，至东城，乃有二十八骑。

项羽仍然没有投降，但他身边剩下的人，已经不多了，只剩下二十八个人。吴见思说："八千人渡江而西，忽化而为二万、六七万、数十万，忽化而为八百余人、百余人、二十八骑，至无一人还。其兴也如江涌，其亡也如雪消，令人三叹。"（《史记论文》）其实兴和亡的关键，无非就在"人心"两个字。当初起兵反秦，人心在项羽这边，所以一路势如破竹。现在失去了人心，失败就像雪水融化一样迅速。

汉骑追者数千人。项王自度不得脱。谓其骑曰："吾起兵至今八岁矣，身七十馀战，所当者破，所击者服，未尝败北，遂霸有天下。然今卒困于此，此天之亡我，非战之罪也。"

汉军的追兵太多，项羽估计走不了了。他转过头，对身边还跟着自己的这二十八个人说："从我起兵到现在，已经八年了，大大小小打了七十多场仗，就没怎么输过。但是我今天却被困在这里，这是天意。不是我打仗不行，是老天要亡我啊。"项羽的这段话，实际上是他那首诗的另一个版本。"所当者破，所击者服，未尝败北，遂霸有天下"，就是"力拔山兮气盖世"，凸显的是个人能力；"此天之亡我，非战之罪也"，就是"时不利兮骓不逝"，埋怨的是命运的不公。直到现在，项羽都没有意识到自己为什么失败。

"今日固决死，愿为诸君快战，必三胜之，为诸君溃围，斩将，刈旗，令诸君知天亡我，非战之罪也。”

项羽说：“我要为你们打一场快仗，我会带着你们突破重围，杀掉敌将，砍倒对方的军旗。”他这么做的目的是什么？证明自己，证明自己的勇猛，证明自己是无敌的，证明自己可以以一当十，证明自己力拔山兮。他要证明是上天错了，是上天夺走了他的天下，是上天让他一败涂地。但是，他错了，大错特错。他最终只能证明一件事，他是一个残暴的屠夫，而残忍的人，是不配拥有天下的。

乃分其骑以为四队，四向。汉军围之数重。项王谓其骑曰：“吾为公取彼一将。”令四面骑驰下，期山东为三处。

于是项羽把剩下的人分成四队，准备从四个不同方向冲出去。项羽说：“我要为你们杀掉对方一个将领。”项羽和他们约好，冲出去以后，在山的东面分三处会合。

于是项王大呼驰下，汉军皆披靡，遂斩汉一将。是时，赤泉侯为骑将，追项王，项王瞋目而叱之，赤泉侯人马俱惊，辟易数里……

项羽大呼而下，汉军的将士都像被风吹倒的草一样，项羽于是杀了一员汉将。这时候赤泉侯杨喜追上来，项羽瞪着眼睛冲他大吼一声，杨喜连人带马被吓得直接后退了好几里。这段写得精彩，和《三国演义》里张飞大闹长坂桥有异曲同工之妙。《三国演义》里是这么写的："飞乃厉声大喝曰：'我乃燕人张翼德也！谁敢与我决一死战？'声如巨雷。曹军闻之，尽皆股栗……飞望见曹操后军阵脚移动，乃挺矛又喝曰：'战又不战，退又不退，却是何故！'喊声未绝，曹操身边夏侯杰惊得肝胆碎裂，倒撞于马下。"

> ……与其骑会为三处。汉军不知项王所在，乃分军为三，复围之。项王乃驰，复斩汉一都尉，杀数十百人，复聚其骑，亡其两骑耳。乃谓其骑曰："何如？"骑皆伏曰："如大王言。"

项羽和他手下的骑兵汇合。但很快，汉军分三路又包围了项羽的人马。项羽于是又冲杀出去，斩了汉军一个都尉，杀了百十个人。项羽把队伍集合起来，原来的二十八人，现在又少了两个人。直到现在，项羽仍然是一副得意的姿态。他问剩下的人："怎么样？"大家说："确实就像大王说的那样。"项羽满足了。他觉得已经证明了自己的能力。其实读这一段，会觉得他既可笑，又可怜。他从始至终都觉得，征服天下靠的是武力。他确实证明了一点，证明了自己是一个独夫。

三

于是项王乃欲东渡乌江。乌江亭长檥船待，谓项王曰："江东虽小，地方千里，众数十万人，亦足王也。愿大王急渡。今独臣有船，汉军至，无以渡。"

项羽想要渡过乌江。这时候乌江亭长已经在岸边等着了，他对项羽说："江东虽然地方不大，但也足够称王了。大王赶紧上船吧，现在这里只有我有船，汉军来了，没船可以渡河。"

项王笑曰："天之亡我，我何渡为！且籍与江东子弟八千人渡江而西，今无一人还，纵江东父兄怜而王我，我何面目见之？纵彼不言，籍独不愧于心乎？"乃谓亭长曰："吾知公长者。吾骑此马五岁，所当无敌，尝一日行千里，不忍杀之，以赐公。"

项羽笑了，笑得很苦涩、很无奈。他说："是上天要亡我，就算我渡过河去，又有什么用呢？"如果算上项羽诗里的"时不利"，这是他第四次表达"天亡我"的意思了。当初起事的时候，项羽带着八千江东子弟一路向西，所向披靡，现在怎么样呢？——"今无一人还"。他觉得惭愧，他觉得没脸再见江东父老了。于是项羽放弃了渡江的机会，也放弃了卷土重来的机会。他把骑了五年的马留给了乌江亭长。

乃令骑皆下马步行，持短兵接战。独籍所杀汉军数百人。项王身亦被十馀创。

项羽和剩下的二十多个人从马上下来，和汉军短兵相接。这里司马迁用了一个“独”，只有项羽一个人仍旧勇猛，他一个人杀了数百个汉军士兵。论单人作战，项羽无人能敌。但是对不起，一个人可以杀十个人、一百个人、一千个人，可是他还能杀更多的人吗？我们还记得在项羽小的时候，项梁教他剑法，结果项羽学了几天就不学了。他给出的理由是：“剑一人敌，不足学，学万人敌。”很遗憾，到最后，项羽也只是学会了“一人敌”。

王又朴说：“羽以八千人起，今写其败，则曰八百余人、百余人、二十八骑、亡其两骑、独籍，此从多说至少。斩汉一将、复斩汉一都尉、杀数十百人、杀汉军数百人，此从少说至多。一则证羽之失人心而为独夫也，一则证羽之不以德而以力征也。”（《史记七篇读法》）自己身边的人越来越少，说明项羽失掉了人心；杀的汉军越来越多，说明项羽只会凭借武力征服别人。

顾见汉骑司马吕马童，曰：“若非吾故人乎？”马童面之，指王翳曰：“此项王也。”项王乃曰：“吾闻汉购我头千金，邑万户，吾为若德。”乃自刎而死。

项羽一回头，看见了汉军的吕马童。吕马童本来是项羽的手下，但后来投靠了刘邦。看到自己从前的手下，项羽感到一阵悲凉。项羽说：“这不是故人吗？”司马迁说“马童面之”，“面”这个动词用得太生动了。“面”，就是转过脸来看的意思，说明之前吕马童是把脸转过去的。吕马童一眼就认出了项羽，但是他不好意思和项羽相见，只能把脸转到后面。现在项羽认出他，没办法，只能转过来。但吕马童还是不好意思，于是对身边的王翳说：“这就是项王啊。”

项羽说：“我听说汉王用黄金千斤、食邑万户悬赏我的头。我送你们个人情吧。拿着我的头，去换你们一生的富贵吧。”

于是，项羽结束了他短暂而壮烈的一生。

王翳取其头，馀骑相蹂践争项王，相杀者数十人。最其后，郎中骑杨喜，骑司马吕马童，郎中吕胜、杨武各得其一体。五人共会其体，皆是。故分其地为五：封吕马童为中水侯，封王翳为杜衍侯，封杨喜为赤泉侯，封杨武为吴防侯，封吕胜为涅阳侯。

项羽一死，在场的人纷纷上去抢夺项羽的尸体。这就是人性。人是趋利的，也是贪婪的。人为财死，鸟为食亡。为了争得一块项羽的遗体，大家杀红了眼。司马迁冷冷地写了一句“相杀者数十人”，几十个人命丧当场。这一幕充满了喜剧效果，但又十分悲凉。最后，五个人在这场争夺游戏中胜出。他们把手里的残肢拼到一起，正好是一个完整的项羽。项羽大概也没想到，自己的尸首会是这么一个下场。拿到尸体的五个人都封了侯。他们踩着别人的尸首，得到了属于自己的富贵。人，说到底还是活在欲望里。

四

项王已死，楚地皆降汉，独鲁不下。汉乃引天下兵欲屠之，为其守礼义，为主死节，乃持项王头示鲁，鲁父兄乃降。始，楚怀王初封项籍为鲁公，及其死，鲁最后下，故以鲁公礼葬项王穀城。

项羽死了以后，楚地都降了，只有鲁地说什么也不投降。鲁地是个坚守礼义的地方。刘邦本来打算带着浩浩荡荡的大军去征服鲁，但想想还是算了，鲁人的这种忠义精神值得敬佩。最后，刘邦派人把项羽的头送到鲁地，鲁地百姓才归顺了汉。当初楚怀王最早封项羽为鲁公，等到他死了，鲁地又是最后投降的，所以刘邦按照鲁公的礼节，把项羽葬在穀城。

汉王为发哀，泣之而去。

给项羽发丧的时候，刘邦哭了。我相信刘邦不是表演，不是作秀，也不是用眼泪收买人心，他是真的哭了。当失去对手的那一刻，他感受到了一股莫名的孤独。人有时候真的很奇怪，在两军对垒的时候，刘邦巴不得项羽死在自己眼前，他对这个对手恨之入骨。可是当这个敌人真的死了，他却觉得失落。

诸项氏枝属，汉王皆不诛。乃封项伯为射阳侯。桃侯、平皋侯、玄武侯皆项氏，赐姓刘。

对待项氏一族，刘邦没有赶尽杀绝，很多姓项的人都封了侯。这里司马迁特别点出了项伯。可以说，项伯是个大功臣，要是没有项伯的帮助，刘邦在鸿门宴上估计已经被解决了。后来刘邦应该也没少给项伯好处。刘邦最后能战胜项羽，想必其中少不了项伯的情报。

太史公曰：吾闻之周生曰“舜目盖重瞳子”，又闻项羽亦重瞳子。羽岂其苗裔邪？何兴之暴也！夫秦失其政，陈涉首难，豪杰蜂起，相与并争，不可胜数。然羽非有尺寸，乘势起陇亩之中，三年，遂将五诸侯灭秦，分裂天下，而封王侯，政由羽出，号为“霸王”，位虽不终，近古以来未尝有也。

我们最后来看司马迁的结论。司马迁这段“太史公曰”，非常客观地评价了项羽的一生。首先，司马迁充分肯定了项羽的功绩。当初秦行暴政，陈胜首先起义，而后天下各路英雄纷纷响应。这其中，项羽没有什么可以凭借的权柄，但是他只用了三年时间，就率领各路诸侯灭掉了秦。灭秦以后，项羽分封天下，所有的政令都从他这里发出，他成了当时天下的实际统治者。反秦这件事，项羽有功。

> 及羽背关怀楚，放逐义帝而自立，怨王侯叛己，难矣。自矜功伐，奋其私智而不师古，谓霸王之业，欲以力征经营天下，五年卒亡其国。身死东城，尚不觉寤而不自责，过矣。乃引“天亡我，非用兵之罪也”，岂不谬哉！

但是，很可惜，项羽的霸业没有持续很长时间。司马迁对项羽是持批判态度的。司马迁认为，项羽“自矜功伐，奋其私智而不师古”，也就是说他总觉得自己了不起，有一点成绩就骄傲自满，从来不向古人学习。而且“欲以力征经营天下”，只想通过武力征服天下，没有丝毫的仁德可言。所以短短五年，他所建立的霸业就崩溃了。直到死，项羽都没有醒悟，没有意识到自己的问题。司马迁对于项羽最后挂在嘴边的“天亡我，非用兵之罪也”很不以为然。

其实项羽的失败，无非就是两点原因。

第一，也是最直接的原因，就是他不会用人。他之所以不会用人，是因为他看不上别人，他从心里觉得自己最厉害，他发现不了周围人的才能。所以很多本来跟着项羽的人，后来都跑去投靠刘邦了。陈平、韩信，这些都是极其聪明的人，但很可惜，这些人不能为项羽所用。而且项羽有了好处，不舍得分给大家，大家也就不愿意跟着他干了。刘邦正好相反，凡是对自己有用的人——萧何、张良、陈平、韩信、樊哙、周勃、灌婴……刘邦都尽收囊中。刘邦最后取得天下，绝不是单靠自己，他是靠整个团队才战胜了项羽。而且刘邦有个好处——舍得分。有了蛋糕，全都分给手下的人，这样跟着他的人才有动力。所谓“惠能使人”，就是这个道理。

第二，从根本上说，项羽的失败，在于没有仁德之心。他对人没有同情，没有怜悯，没有慈爱，他可以随随便便坑杀二十万秦军。他只想凭着武力征服天下，他不知道，最难征服的，是人心。而人心，只能依靠仁德感化。

读完司马迁写的《项羽本纪》，会很感慨。项羽身上似乎有一种英雄气概，但说到底，他并不是一个英雄。所谓英雄，是能够把别人装进自己心里的人。项羽，只是一个未完成的英雄。

传奇的经历：

《留侯世家》（一）

一

司马迁喜欢写复仇。伍子胥、孙膑、范雎，这些人身上都有仇，而且，有仇必报。司马迁写到他们复仇成功的时刻，下笔如有神。但司马迁也写过一次失败的复仇。他写一个人在这次失败中的转变；他写一个人如何收起自己的锋芒，学会忍耐；他写一个人从鲁莽走向成熟。他写这个人的经历仿佛传奇。

这个人，叫张良。

> 留侯张良者，其先韩人也。大父开地，相韩昭侯、宣惠王、襄哀王。父平，相釐王、悼惠王。悼惠王二十三年，平卒。卒二十岁，秦灭韩。

一上来，先讲张良和韩国的关系。“大父”，就是祖父。张良的祖父是韩国的相邦，辅佐了韩国三代国君；他的父亲，也是韩国的相邦，辅佐了两代国君。所以后面司马迁说他们家“五世相韩”，加起来一共辅佐了五代国君。张家和整个韩国，关系非常密切。张良的父亲张平去世之后二十年，秦把韩灭了。

良年少，未宦事韩。韩破，良家僮三百人，弟死不葬，悉以家财求客刺秦王，为韩报仇，以大父、父五世相韩故。

司马迁说张良“未宦事韩”，也就是没在韩国做过官。这四个字完全把张良的责任推出去了。韩国被灭这事儿，和你无关。既然无关，你完全可以过你的安稳日子，没必要把自己搅进去。但恰恰是这四个字，写出张良的忠义。对张良来说，韩国被灭，既是国仇，也是家恨。这仇，得报。张良报仇不是小打小闹，是倾家荡产。本来这些钱完全够他后半辈子花了，但是现在，全拿出来报仇。弟弟死了，一切从简，不办葬礼，省下的钱拿来悬赏刺客。

良尝学礼淮阳。东见仓海君。得力士，为铁椎重百二十斤。秦皇帝东游，良与客狙击秦始皇博浪沙中，误中副车。秦皇帝大怒，大索天下，求贼甚急，为张良故也。良乃更名姓，亡匿下邳。

“仓海君”具体是谁，不知道，但光听这个名字，感觉很神秘。仓海君给张良推荐了一个大力士做刺客。张良又派人打造了一柄一百二十斤重的大铁锤。现在的张良，全身上下的血都在燃烧。他是少年，是刺客，是侠士。但是血一往上涌，就容易失去理性，就容易不顾后果。整个刺杀计划漏洞百出，但张良根本不去想，他觉得一锤下去，秦始皇必死无疑。

趁秦始皇东游，张良和力士埋伏在博浪沙那个地方。结果铁锤扔出去，没砸中秦始皇的车，砸中的是“副车”，也就是随从的车。司马迁说“秦始皇大怒”——气坏了，怎么又有人要杀我！其实想想，当皇帝挺难，每天担惊受怕的。荆轲来献地图，结果地图里边是匕首；高渐离在旁边击筑，结果筑里头灌了铅；现在出来巡游，旁边有人埋伏着要扔大铁锤。秦始皇生气啊，于是“大索天下，求贼甚急”，一定要抓出那个主使者。《秦始皇本纪》中记载，“乃令天下大索十日”。整整十天，天下人都惴惴不安，到处都是搜捕的人。我相信对张良来说，这是一生中至关重要的十天。在这十天里，他害怕了，同时也冷静了。他的血凉下来了，他知道冲动解决不了问题。他改名换姓，躲到了下邳。

二

> 良尝闲从容步游下邳圯上，有一老父，衣褐，至良所，直堕其履圯下，顾谓良曰：“孺子，下取履。”

“圯”，就是桥。张良有一天在下邳的桥上散步。请注意，司马迁在“步游”前面用了“闲从容”三个字。这三个字写出了一种悠闲从容的气度。但是很有可能，这是张良装出来的。毕竟他是一个被全国通缉的罪犯，要是他走在街上很警惕地四处看，说不定会引起怀疑。所以他要尽量表现得像没事人一样。很幸运，张良没被抓到。这可能和他的长相有关，在《留侯世家》的最后，司马迁说他见过张良的画像，“状貌如妇人好女”。也就是说，张良长得很像一个漂亮的女人。在搜捕的过程中，张良很容易就被忽略过去了。

张良正在桥上散步，结果有一个老人走过来。“直”，就是故意的意思。老人来到张良面前，故意把脚上的鞋一甩，甩到了桥下面，然后说：“小子，去给我把鞋捡上来！”

良鄂然，欲殴之。为其老，强忍，下取履。

“鄂然”，就是吃惊的样子。张良很惊讶，也很困惑，他心里的第一个反应是“欲殴之”，上去打一顿再说。这是本能的反应，这是少年张良的本能，这是一个能去刺杀秦始皇的人的本能。司马迁把张良的心理写得很细致。如果没有经历前一段日子的东躲西藏、惊恐不安，张良很有可能已经一拳打上去了。但是现在的张良，忍了。司马迁说他“为其老，强忍”，张良觉得眼前这个人太老了，强行压住了心头的怒气。这就是现在的张良和从前的张良的区别。张良心里一定转了好几圈，他怕把老人打坏了，他怕引起别人的围观，他怕事情闹大引起官兵注意，他怕自己刺杀秦始皇的事露出马脚。于是他忍了。他走下桥，捡起那只鞋。

父曰："履我。"良业为取履，因长跪履之。父以足受，笑而去。良殊大惊，随目之。

鞋捡上来了，事儿还没完。老人把脚一伸："给我穿上。"张良还是忍了。司马迁说"良业为取履"，这其实也是心理活动。张良想，捡都捡了，那就给他穿上吧。老人穿上鞋，满意极了，"笑而去"。这一笑，张良"殊大惊"，觉得很惊讶，一下子明白过来，眼前这个人不简单。能从人群里识别出哪些人厉害，是很难的，这是一种本事。老人的笑里有一种肯定，这种肯定被张良敏锐地捕捉到了，他知道刚才老人的那些举动都是故意的。既然是故意的，那么他的意图究竟是什么？张良现在还没弄清楚。但张良至少知道一件事，不能随便错过这个人。所以张良压根儿就没动，"随目之"，一直站在那儿，看着老人走远。

父去里所，复还，曰："孺子可教矣。后五日平明，与我会此。"良因怪之，跪曰："诺。"

果然，老人走出去一里多地，又回来了。回来一看，张良还在，更满意了。老人说："五天以后的早上，咱俩还在这儿见面。"张良现在的心理活动，是"怪之"。就这么一段话，张良的心理已经变化了好几次——一开始是吃惊，"鄂然"；紧接着生气，"欲殴之"；后来又是吃惊，"殊大惊"；最后是奇怪、疑惑，"怪之"，不知道会发生什么。司马迁把一个人的心理写得很有层次感。

五日平明，良往。父已先在，怒曰："与老人期，后，何也？"去，曰："后五日早会。"

五天以后的早上，张良来到约定地点，结果一看，老人早就在这等着了。老人很生气，说："和老人家约好时间，自己却迟到，什么意思？"转头就走。临走前撂下一句话："五天以后的早上，还是这里见。"

五日鸡鸣，良往。又先在，复怒曰："后，何也？"去，曰："后五日复早来。"

五天之后，张良想，这次可不能再迟到了。鸡一叫，天蒙蒙亮，张良立马从床上爬起来，赶到桥边。结果老人又早早地等在这了。老人一看张良，像上次一样生气，说："又迟到，什么意思？"临走前，老人说："五天以后的早上，再来吧。"

五日，良夜未半往。有顷，父亦来，喜曰："当如是。"

张良是个聪明人。早上去，你已经在那了，鸡叫的时候去，你又在那等着，这次一定要早到不能再早。张良决定半夜就去。

他终于比老人早到了。过了一会儿，老人来了。请注意老人的反应，前两次都是“怒”，这一次是“喜”。老人非常满意，说：“这样就对了。”

> 出一编书，曰：“读此则为王者师矣。后十年兴。十三年孺子见我济北，穀城山下黄石即我矣。”遂去，无他言，不复见。旦日视其书，乃《太公兵法》也。良因异之，常习诵读之。

到此为止，张良顺利通过测试。老人掏出秘籍，交给张良，说：“拿去读吧，读懂了，你就能当君王的老师了。再过十年，就是你成事的时候。十三年以后咱俩还有缘一见，你小子会在济北见到我，我就是穀城山下那块黄石。”高手从来都是如此，多余的话一句不说，“无他言，不复见”，倏忽而来，倏忽而去，神龙见首不见尾。天亮了，张良打开书一看，原来是《太公兵法》，从此认真学习起来。

为什么前边黄石老人要故意把鞋扔下去？目的是看看张良能不能忍。这是黄石老人筛选兵法传人的重要条件。苏轼写过一篇《留侯论》，核心就在这个“忍”字上。苏轼说，人有小勇、有大勇。什么是小勇？“匹夫见辱，拔剑而起，挺身而斗，此不足为勇也。”受了欺负，就要和人动刀动枪，就要上去拼命，这是小勇，是匹夫之勇，或者说根本算不上勇。这就是从前张良干的事。还有一种勇，“天下有大勇者，卒然临之而不惊，无故加之而不怒。此其所挟持者甚大，而其志甚远也”。因为心里装的东西大，因为志向够远，所以受了委屈，受了欺负，也能咽下去。这是做大事的先决条件。张良先是过了第一关，忍。

黄石老人为什么要先走出去，再回来？这是第二关，看看张良是不是“瞎子”。能成事的人，具备一个很重要的特质，就是识人。要是张良扭头就走，那没戏了，说明他根本判断不出人的水平。黄石老人回来一看，张良没挪地方，孺子可教。

至于和张良约定时间见面，既是测试，也是教学，看看张良的脑子好不好使。核心在于“先”。行军打仗，最重要的，就是“先”。想要赢，永远要快对手一步，快到不能再快，永远要想在对手前面。先机，对于一场战争来说，太重要了。清代的徐与乔说：“书非致柔不能用，非先机不能用，一呼‘下取履’，三呵‘后，何也？’，书指已传矣，岂待读后始知哉？”（《史汉初学辨体》）这是说黄石老人已经把《太公兵法》的核心要义传授给张良了，无非是“致柔”和“先机”这两点。

三

> 后十年，陈涉等起兵，良亦聚少年百馀人。景驹自立为楚假王，在留。良欲往从之，道遇沛公。沛公将数千人，略地下邳西，遂属焉。沛公拜良为厩将。

十年之后，时代给张良提供了机会：陈胜第一个发出反抗的声音。司马迁给陈胜立传，把他放进“世家”里，就是因为陈胜是第一个站出来反秦的人。陈胜从反秦到被杀，前后总共六个月，时间其实很短，但意义重大。时代一乱，张良也乘势而起，聚集了一小撮人。一开始，张良本来打算去投靠景驹。景驹当时在留这个地方。结果半路上遇到了沛公，也就是刘邦。刘邦手底下的人比张良多一些。两个人一聊，发现挺聊得来，于是张良带着手下的人，合并进了刘邦的队伍。

> 良数以《太公兵法》说沛公，沛公善之，常用其策。良为他人言，皆不省。良曰：“沛公殆天授。”故遂从之，不去见景驹。

请注意，这里表现出了刘邦和其他人的区别。张良因为学了《太公兵法》，自身的谋略已经提升了好几个档次。他给刘邦出主意的时候，刘邦的态度，是“善之”，是“常用其策”。刘邦觉得张良说得真对啊，不光听起来对，而且能用，理论直接就能指导实践。刘邦的核心竞争力，就在于能听进去别人的话。其他人就不是这样。张良也给其他人出过主意，也给其他人讲过《太公兵法》里的计谋，但其他人的态度是“皆不省”，听不懂，不明白，觉得没用。张良心里有数了，他觉得刘邦大概是被上天选中的人。既然这样，也别什么景驹不景驹的了，干脆就跟着刘邦干。

及沛公之薛，见项梁。项梁立楚怀王。良乃说项梁曰："君已立楚后，而韩诸公子横阳君成贤，可立为王，益树党。"项梁使良求韩成，立以为韩王。

当然了，刘邦当时其实没什么势力，也得跟着别人干。跟着谁呢？项梁。当时项梁的势力最大，张良跟着刘邦一块儿并进了项梁的队伍。张良心里始终没忘记韩国。当时项梁从民间找到楚怀王的孙子熊心，把他立为了新的楚怀王。张良一看，赶紧向项梁提建议，去找韩国王室的后裔，立为韩王。韩国对张家有恩，张良时刻想着复国。这里再一次写张良忠义。

沛公欲以兵二万人击秦峣下军，良说曰："秦兵尚强，未可轻。臣闻其将屠者子，贾竖易动以利。"

当时项羽在北边救赵，刘邦打算从南边攻入关中，往南走的时候，顺道把张良带上了。他知道，张良这个人对自己很有用。

刘邦带着军队来到峣关。峣关，就是蓝田关，简称蓝关，是秦国南边的门户。攻破了峣关，就可以长驱直入，直取咸阳了。按照当初怀王的约定，谁先攻进关中，谁就是关中王了。刘邦打算带上两万人，直接把秦军拿下。但是张良说："不行，现在秦军还很强，不能轻敌。”

张良开始动脑子了。打仗，能智取，绝不强攻。张良首先考虑的，是对方的将领。在《田单列传》里，田单当初想以少胜多，首先考虑的，是对方的将领乐毅。先把乐毅搞掉再说。在《魏公子列传》里，秦国为了瓦解魏国，也是在信陵君身上打主意，到处散布信陵君的谣言。张良现在也是这个思路，他说：“我听说秦军的将领，是个屠夫的儿子。这就好办了。这种人贪得很，花点钱就能收买。”

司马迁说：“天下熙熙，皆为利来；天下壤壤，皆为利往。”人，本质上是趋利的动物。大部分时候，只要投下诱饵，鱼都会上钩。如果没上钩，说明诱饵还不够大。

> “愿沛公且留壁，使人先行，为五万人具食，益为张旗帜诸山上，为疑兵，令郦食其持重宝啖秦将。”

但是贿赂也要讲究方法。利诱之前，先要威逼，让对手怕。对手怕了，再伸出橄榄枝，给他几块糖，对方很容易就接受了。前面说过，刘邦本来打算“以兵二万人击秦峣下军”。但是这里，张良让人准备五万人的饭。为什么？很简单，让秦军误以为刘邦带的人很多。除了多做饭，张良还布置了疑兵。他让人跑到周围的山头，插上刘邦军队的旗子，假装人很多。这样一来，还没开始打，对方就先怕了，先从心理上瓦解了对方的斗志。除此之外，让谁去送礼也很重要，这就看出了张良识人的本事。张良对刘邦说："让郦食其去。"郦食其厉害，有三寸不烂之舌——很有外交才能。

> 秦将果畔，欲连和俱西袭咸阳，沛公欲听之。良曰："此独其将欲叛耳，恐士卒不从。不从必危，不如因其解击之。"沛公乃引兵击秦军，大破之。遂北至蓝田，再战，秦兵竟败。遂至咸阳，秦王子婴降沛公。

秦军的将领果然上钩，打算和刘邦一块儿攻入咸阳。刘邦一听，好啊，不费一兵一卒，直接拿下。但是张良又提出了反对意见。张良说："现在想要叛秦的，只是将领，但是士兵们未必会听。要是士兵们不听就麻烦了。"为什么将领投降了，士兵们却有可能不听？因为拿到好处的，是将领，士兵们可一点好处都没拿到。对士兵们来说，秦国还没亡呢，一旦反叛失败，自己就是死路一条。他们心里有自己的算盘，所以不见得每个人都会乖乖听命。张良对这一点很清楚。其实一开始让人去劝降秦将，他也没打算放弃作战。只不过，他要迷惑对方，让对方彻底松懈，放弃防备。这样，自己就可以出其不意，抢占先机。张良把《太公兵法》直接用到了实战上。张良告诉刘邦现在正是攻打他们的时机。刘邦于是带着兵马直击秦军，"大破之"。刘邦就这样一路杀进了咸阳。秦王子婴投降，秦朝画上了句号。要说有功，张良应该是头号功臣。

四

沛公入秦宫，宫室帷帐狗马重宝妇女以千数，意欲留居之。樊哙谏沛公出舍，沛公不听。

《项羽本纪》里，范增说刘邦入关以后“财物无所取，妇女无所幸”，真是高看刘邦了。刘邦根本就拒绝不了诱惑。一进秦宫，眼前的宝物、美女让刘邦惊呆了。刘邦腿都软了，根本走不动路。刘邦想象过做皇帝有多好，但没想到这么好。司马迁说刘邦“意欲留居之”，不走了，今天就住这了。我们其实完全可以理解，这就是人性。真正能超越人性、克服自己欲望的人，非常罕见。这时候樊哙说话了。樊哙劝刘邦出去住，别住在秦国的宫殿里。但这时候刘邦哪能听得进去。我估计，让樊哙来劝刘邦，完全是张良导演的。张良之所以让樊哙来劝，是考虑到樊哙和刘邦的特殊关系。樊哙和刘邦不仅认识了很长时间，而且两个人是亲戚。樊哙的老婆是刘邦老婆吕雉的妹妹，他们两个是连襟。张良觉得樊哙的话，刘邦应该能听。但很显然，刘邦没有，于是张良只能亲自出马了。

良曰：“夫秦为无道，故沛公得至此。夫为天下除残贼，宜缟素为资。今始入秦，即安其乐，此所谓‘助桀为

> 虐’。且‘忠言逆耳利于行，毒药苦口利于病’，愿沛公听樊哙言。”沛公乃还军霸上。

张良说：“秦国无道，所以才给了你机会。你帮百姓灭了秦，现在还是俭朴一点好。刚一进秦宫，就享受起来了，那你和秦王有什么区别？你还是听樊哙的话，出去住吧。”张良这番话，很有水平。张良没说你听我的吧，张良说的是，你听樊哙的吧。拉上樊哙，等于做了一个缓冲。刘邦就算有火，也不好直接冲自己发。刘邦还是不错的，前面说过，刘邦的核心竞争力，就是能听进去话。于是刘邦回到霸上，住进军帐了。这一举动，救了刘邦一命。刘邦要是坚持住在秦宫里，项羽一来，他就灰飞烟灭了。

很快，就发生了著名的鸿门宴事件。可以说，鸿门宴事件里，没有张良从中斡旋，出谋划策，刘邦根本不可能全身而退。

这之后，张良又帮刘邦做了很多事情，出了很多计策，直到刘邦彻底击败项羽，建立大汉帝国。

> 汉六年正月，封功臣。良未尝有战斗功，高帝曰：“运筹策帷帐中，决胜千里外，子房功也。自择齐三万户。”良曰：“始臣起下邳，与上会留，此天以臣授陛下。陛下用臣计，幸而时中，臣愿封留足矣，不敢当三万户。”乃封张良为留侯，与萧何等俱封。

平定天下以后，刘邦论功行赏。张良从来没亲自上过战场杀敌，但是刘邦说："张良了不起啊，在军帐里写写画画，掐指算算，就能决胜千里之外。张良，有大功。"刘邦让张良自己在齐地选三万户作为食邑。其他人都是争功，唯恐自己分得少了。张良不是，张良是往外推，他从来没觉得自己有什么功劳。张良的智慧要远远在那些争功的人之上。对张良来说，他很清楚，争到手里的越多，危险就越多。所以他的话说得很谦虚，他说："我和陛下在留地相会，是上天把我给陛下的。陛下用我的计策，有时候奏效了，完全是碰巧。我封在留地足够了。"这话很有水平，把刘邦捧得很高，把自己放得很低，而且很明确地点出来，刘邦成功，是上天注定，再一次说明了刘邦取得政权的合法性。刘邦听了，心里非常满意。于是张良被封为留侯。

但是张良仍然身处权力场之中。权力的游戏非常危险，处处都是陷阱、算计，处处都是尔虞我诈、你争我抢。很快，那些曾经建立过战功的人，因为各种各样的原因，都被刘邦一一诛灭了。张良的结局又会如何呢？他能否在权力场中全身而退？

我们下回再说。

从名利场中撤离：

《留侯世家》(二)

一

做蛋糕容易，分蛋糕难，很难分得让每个人都满意。虽然在做蛋糕的时候，每个人出的力有大有小。但最后拿到蛋糕，大家都会觉得，自己分少了。分天下也是这样。

上已封大功臣二十馀人，其馀日夜争功不决，未得行封。上在雒阳南宫，从复道望见诸将往往相与坐沙中语，上曰："此何语？"留侯曰："陛下不知乎？此谋反耳。"

刚刚把天下打下来，就出现新的矛盾了，大家为了自己那点好处争论不休。这让刘邦也很头疼，分天下比打仗难多了。灭秦、打项羽，集中力量一块儿干就行了。现在不一样了，现在得把水端平，一不小心，水就洒了。刘邦经常看见一帮将领聚在一块儿小声嘀咕，他觉得奇怪，就问张良："这些人说什么呢？"张良说："陛下还不知道吧，这些人在一块儿密谋，准备造反呢。"对刘邦手下的将士来说，稳定并不是一个常态，他们已经很久没享受过稳定的生活了，战争才是常态。所以他们也不觉得造反是个什么大事，对我不好，干脆就反了。之前项羽刚分完天下，就有不少人起来造反，也是因为蛋糕分配得不均。

上曰："天下属安定，何故反乎？"留侯曰："陛下起布衣，以此属取天下，今陛下为天子，而所封皆萧、曹故人所亲爱，而所诛者皆生平所仇怨。今军吏计功，以天下不足遍封，此属畏陛下不能尽封，恐又见疑平生过失及诛，故即相聚谋反耳。"

刘邦一听，很无奈啊。好不容易打下来的天下，又要反啊？张良说："你呢，是靠着这帮人打下的天下。现在你是皇上，是天子，你看看你封的这些人，什么萧何啊曹参啊，都是和你关系好的。你杀的、罚的，都是和你有仇的。现在这帮人就打起算盘了，他们一算，整个天下不够分啊，轮到他们这儿，什么也没了。不光没了，还有可能因为以前的过失被砍脑袋。所以他们觉得，横竖是个死，不如反了算了。"

上乃忧曰："为之奈何？"留侯曰："上平生所憎，群臣所共知，谁最甚者？"上曰："雍齿与我故，数尝窘辱我。我欲杀之，为其功多，故不忍。"留侯曰："今急先封雍齿以示群臣，群臣见雍齿封，则人人自坚矣。"于是上乃置酒，封雍齿为什方侯，而急趣丞相、御史定功行封。群臣罢酒，皆喜曰："雍齿尚为侯，我属无患矣。"

刘邦愁了，问张良怎么办。"为之奈何"这四个字是刘邦一生得力处。张良说："说一个你最讨厌的人，而且大家都知道你讨厌这个人。"刘邦说："雍齿，肯定是雍齿。雍齿从前和我有交情，结果后来背叛我，好几次把我逼到死角上。我本来想杀了这个小人，但是因为他有功，所以没忍心。"张良说："好啊，就他了。你先封赏雍齿，大家一看雍齿都被封了，就消停了。"果然，那些本来想造反的人不闹了。张良厉害，用最小的代价解决了大麻烦。稳定，对于刚刚建立的汉王朝来说，至关重要。反，不要紧，但不能让他们现在反，尤其不能让他们抱起团来反。现在如果出现大规模的造反，平定起来很费力，胜负未知。张良这一招，安抚住了人心，一是给刘邦、给汉王朝争取了喘息休整的时间；二是从内部瓦解了造反的势力。原本的一股绳，现在成了一盘沙，大家各有各的心思，都期待着自己能多封一点了。这样就好办了，就算反，也可以逐个击破。

二

上欲废太子，立戚夫人子赵王如意。大臣多谏争，未能得坚决者也。吕后恐，不知所为。人或谓吕后曰："留侯善画计策，上信用之。”

历史又出现了相似的一幕。这种废长立幼的剧情实在让人看得厌烦了。刘邦喜欢戚夫人，也喜欢戚夫人给他生的小儿子赵王如意，于是，刘邦准备废太子了。大臣们不同意啊。大臣们不傻，但凡了解一点历史的人都知道，废长立幼没什么好下场，只能带来国家的混乱。但是刘邦不听。人岁数一大，脑子就不那么清楚了。这时候最恐惧的人是吕后，如果太子被废，刘邦一死，吕后手里就没权了。身边的人给吕后推荐了一个人：张良。大家说皇上就听张良的。

吕后乃使建成侯吕泽劫留侯，曰："君常为上谋臣，今上欲易太子，君安得高枕而卧乎？"留侯曰："始上数在困急之中，幸用臣策。今天下安定，以爱欲易太子，骨肉之间，虽臣等百馀人何益。"

司马迁这里记载的是“建成侯吕泽”，但根据考证，应该是“建成侯吕释之”。吕后让哥哥吕释之去找张良商量。请注意，吕释之这里是“劫”留侯，有强迫的意思了，不是客客气气地“请”。吕释之说："现在皇上想要换太子，太子一换，你还能这么高枕无忧吗？"这话说得其实很牵强。换太子，对吕后、吕释之他们影响很大，但是对张良的影响，没那么大。第一，张良是个很淡泊的人，他不愿意掺和这些破事儿。给他地给他钱，他都不要。一个什么都不想要的人，是无比强大的，没有什么能威胁到他。换了太子，他的日子还是照过。第二，即便张良继续参与朝政，换了太子，将来新太子登基，对他影响也不大。毕竟他也没结党，他不属于任何一个派系。即使要清算，也算不到他的头上。

所以张良推辞了。张良说："当初我和皇上一块儿打仗，那会儿皇上经常遇到危险，幸亏我的计策管点儿用。现在天下安定了，皇上想换太子，这是皇上的家务事。家务事我可就没法插手了。"

张良的推辞有他的考虑。第一，刘邦想换太子的意图坚定吗？坚定。之前不是没人提过不能换太子，但是结果怎么样呢？前面说"大臣多谏争，未能得坚决者也"。不断有人上奏，但刘邦就是不松口。张良的话比这些人的加起来更好使吗？不见得。所以，张良知道，刘邦既然铁了心想换，光靠自己一张嘴去说服，成功的可能性不大。第二，不插手，这事儿跟自己没关系，但一旦插了手，就有可能面临失败。如果最后太子还是换了，自己就会陷入一个危险的境地——因为你当初力保过刘盈，也就是说你是吕后一派的人，将来新皇帝上台，首先要清算的，肯定是吕后一党。那时候张良就会吃不了兜着走。综合考虑下来，张良还是坚决地推辞了。

吕泽强要曰："为我画计。"留侯曰："此难以口舌争也。顾上有不能致者，天下有四人。四人者年老矣，皆以为上慢侮人，故逃匿山中，义不为汉臣。然上高此四人。今公诚能无爱金玉璧帛，令太子为书，卑辞安车，因使辩士固请，宜来。来，以为客，时时从入朝，令上见之，则必异而问之。问之，上知此四人贤，则一助也。”于是吕后令吕泽使人奉太子书，卑辞厚礼，迎此四人。四人至，客建成侯所。

但是吕释之的态度很强硬。前边是“劫”，这里是“强要”，都不是什么好词。一开始吕释之应该是想利诱的，但显然没什么能诱惑到张良，所以只能威逼了。估计吕释之的手段过于狠了，张良没办法，硬着头皮给吕释之出了个主意。张良这个主意出得好，因为这个主意完全看不出和他本人有任何关系。张良说：“这事儿不能光靠嘴去说。”这句话听起来很简单，但是充满着智慧。要证明一道菜好吃，你在旁边说得天花乱坠，也不如让对方拿筷子尝一口有效。任何时候，都不要高估语言的力量，事实要比语言更有说服力。张良说：“去找四个老头儿吧。皇上这辈子，有四个人始终见不到，就是这四个老头儿。他们听说皇上总喜欢侮辱读书人，就跑到山里边儿去了，发誓这辈子也不当大汉的官儿。但是皇上觉得这四个人厉害。你们准备好厚礼，恭恭敬敬去把这四个人请来。太子上朝的时候，你们就让这四个人站在太子身后，皇上见了，肯定会奇怪。奇怪就会问。如果皇上知道是这四个人，太子的地位或许能保住。”于是吕后和吕释之赶紧派人去找。这四个人果然来了。由此可见，让所谓的高人隐士出山，也不过是钱多钱少的问题。

三

汉十一年，黥布反，上病，欲使太子将，往击之。四人相谓曰：“凡来者，将以存太子。太子将兵，事危矣。”乃说建成侯曰：“太子将兵，有功则位不益太子；无功还，则从此受祸矣。且太子所与俱诸将，皆尝与上定天下枭将也，今使太子将之，此无异使羊将狼也，皆不肯为尽力，其无功必矣。臣闻‘母爱者子抱’，今戚夫人日夜侍御，赵王如意常抱居前，上曰‘终不使不肖子居爱子之上’，明乎其代太子位必矣。”

黥布反了。黥布不是第一个造反的，之前有人造反，刘邦还有劲儿去平定，但这一次，刘邦累了。刘邦感受到了衰老的力量，也感受到了疾病的力量，他感觉自己没劲儿再去打仗了，想让太子刘盈替他去平叛。

这件事，对刘盈来说充满危险。张良让吕后请来的那四个老头儿敏锐地察觉到了危险的信号。这四个人不是吃干饭的，他们把利害得失分析得十分清楚。

他们对吕释之说，如果太子领兵平叛成功，对太子没什么帮助。除了皇上，就是太子了。位置再高，也还是太子。但如果失败了，太子就有麻烦了，皇上换太子的决心会更坚定。而且，这次太子去，必败。为什么？因为太子带的这帮将士不好管。他们当初都是跟着皇上打天下的，是有功之臣，好比一群狼。太子就像一只小羊。让一只羊去统领一群狼，这群狼能听羊的吗？他们不听，就会吃败仗。吃了败仗，太子的位置就不保了。再说了，现在戚夫人天天在皇上跟前伺候，皇上天天看着赵王如意喜欢得不得了，这不是明摆着要换太子吗？

> “君何不急请吕后承间为上泣言：‘黥布，天下猛将也，善用兵，今诸将皆陛下故等夷，乃令太子将此属，无异使羊将狼，莫肯为用，且使布闻之，则鼓行而西耳。上虽病，强载辎车，卧而护之，诸将不敢不尽力。上虽苦，为妻子自强。’”

这四个人不单把问题分析得很清楚，而且给出了建议：让吕后去哭。他们说：“让吕后对皇上说：‘黥布厉害啊，但是太子使唤不动这帮将士。黥布听说是太子带兵，一定会毫无顾忌地向西进攻。那就危险了。皇上虽然病了，还是勉强一战吧。那些将士只要看见皇上，不敢不尽力杀敌。皇上虽然苦，全当是为老婆孩子了！'"这话说得好，软硬兼施——硬，是渲染危险；软，是打感情牌。再加上吕后的眼泪，刘邦不得不听。

> 于是吕泽立夜见吕后，吕后承间为上泣涕而言，如四人意。上曰："吾惟竖子固不足遣，而公自行耳。"

吕后找到机会在刘邦面前流泪恳求。刘邦说："我估计那小子就不行，还是我自己去一趟吧。"司马迁写得好，把人物的语气写得很准确，这就是刘邦说话的口气。

> 于是上自将兵而东，群臣居守，皆送至灞上。留侯病，自强起，至曲邮，见上曰："臣宜从，病甚。楚人剽疾，愿上无与楚人争锋。"因说上曰："令太子为将军，监关中兵。"上曰："子房虽病，强卧而傅太子。"是时叔孙通为太傅，留侯行少傅事。

刘邦临走前，张良去送。这时候张良也生着病呢，但还是打起精神去见刘邦。因为这次见面很重要。张良先是嘱咐刘邦，一切小心，不要和黥布硬碰硬。但这不是关键，接下来的话才是张良这次来的目的。张良说："皇上不在的这段时间，把兵权交给太子吧，让太子管理关中的军队。"刘邦答应了，刘邦说："你虽然病着，还是要打起精神来，好好辅佐太子啊。"

张良这一步棋，想得很远。一般人下棋，走一步，看一步，能看到三步以上的，就是高手。张良已经把未来可能出现的情况全都算好了。刘邦这次出战，有两种可能：第一，活着回来；第二，命丧途中。刘邦年纪已经很大了，再加上现在有病，长途跋涉去平叛，舟车劳顿，打仗又很危险，回不来的可能性显然更大。如果回不来，那谁来继承王位就会成为问题，朝中势必会发生一场王位之争。那时候，谁手里有兵，谁的赢面就更大一些。张良这一步棋，是为刘盈顺利继位打算。

四

汉十二年，上从击破布军归，疾益甚，愈欲易太子。留侯谏，不听，因疾不视事。叔孙太傅称说引古今，以死争太子。上详许之，犹欲易之。

刘邦平叛归来，病得更重了。刘邦知道自己剩下的时间不多了，所以更想换太子了。张良劝刘邦，刘邦不听。太子的老师叔孙通以死相争，刘邦表面上答应了，但心里还是想换。现在情况已经很危急了。

及燕，置酒，太子侍。四人从太子，年皆八十有馀，

> 须眉皓白，衣冠甚伟。上怪之，问曰："彼何为者？"四人前对，各言名姓，曰东园公，角里先生，绮里季，夏黄公。

是时候让这四个人出场了。这天刘邦大摆宴席，太子在旁边伺候。刘邦看见太子身后站着四个人，都挺大岁数了。刘邦觉得奇怪，于是就问："这几个人是干什么的？"四个人报上了自己的名字。

> 上乃大惊，曰："吾求公数岁，公辟逃我，今公何自从吾儿游乎？"四人皆曰："陛下轻士善骂，臣等义不受辱，故恐而亡匿。窃闻太子为人仁孝，恭敬爱士，天下莫不延颈欲为太子死者，故臣等来耳。"

刘邦的反应是，"大惊"。这说明这四个人的分量确实很重。刘邦说："我找了你们好多年，你们总是躲着我，现在怎么跟着我儿子了呢？"四个人接下来的话很重要，表达了好几层意思。第一，我们之所以不跟着你，是因为你不尊重读书人。我们受不了你的侮辱，所以跑了。第二，太子比你强。这里有两个关键词，"为人仁孝""恭敬爱士"。第三，不光是我们，天下等着为太子卖命的人，还有很多呢。

我们之前分析过，刘邦成功，项羽失败，关键就在能不能用人。刘邦心里很清楚，自己得天下，靠的是萧何、张良、韩信这批能人。刘邦佩服信陵君魏无忌，就是因为他爱士，天下的能人都愿意为他卖命。现在这四个人的话，一下子打在了刘邦心上。刘邦动摇了，他原本以为刘盈不行，但现在看来，刘盈不仅厉害，而且比自己更厉害。自己请不来的人，他都能请来。他放心了，他知道，只要能让别人愿意为你卖命，这个天下，就稳了。

上曰："烦公幸卒调护太子。"

刘邦说："那就麻烦你们好好辅佐太子吧。"刘邦这句话的意思是，太子不会换人了，将来，天下是刘盈的。

四人为寿已毕，趋去。上目送之，召戚夫人指示四人者曰："我欲易之，彼四人辅之，羽翼已成，难动矣。吕后真而主矣。"

四个人敬完酒就离开了。司马迁说"上目送之"，也就是说刘邦一直目送着这四个人走远。刘邦看着他们的背影，心里百感交集。他觉得欣慰，自己请不来的人，自己的儿子却能请来，这说明刘盈有本事。他也觉得无奈。作为一个老人，他很喜欢自己的小儿子，希望让小儿子继承皇位。但皇帝也不是什么都能干的，他也有很多决定不了的事。他体会到了一种无力感。

刘邦把戚夫人叫到跟前，指着那四个人说："我想换太子，只是太子的翅膀已经长硬了，现在有这四个人辅佐他，很难动了。吕后注定要成为你的主子。"

戚夫人泣，上曰："为我楚舞，吾为若楚歌。"歌曰："鸿鹄高飞，一举千里。羽翮已就，横绝四海。横绝四海，当可奈何！虽有矰缴，尚安所施！"歌数阕，戚夫人嘘唏流涕，上起去，罢酒。竟不易太子者，留侯本招此四人之力也。

戚夫人哭了。她知道事情已成定局，一切都无可挽回。她知道自己的儿子当不了皇帝，自己也不会成为太后了。曾经距离权力的宝座只有一步之遥，现在却是遥不可及。此刻的戚夫人还没有预料到，未来有更大的危险在等待着她。之后她会被吕后把手脚砍掉，做成"人彘"。这都是她现在想象不到的，现在她只觉得悲伤。

刘邦说："给我跳支舞吧。我给你唱一首歌。"

刘邦这首歌的大意是：天鹅在空中高飞，它的翅膀已经长成。它飞过四海，穿过微风。想要拿箭射下它，不再可能。

刘邦把这首歌唱了好几遍。戚夫人在旁边泪流满面。

晚年的刘邦，心里常常会涌起一阵失落感，他发现做皇帝其实也没有那么幸福。他会感到无力，也会感到不安。他总共有两首诗传世。除了上面这首，另外一首是他平定黥布叛乱，路过家乡的时候写的，就是那首著名的《大风歌》：

大风起兮云飞扬，威加海内兮归故乡，安得猛士兮守四方。

刘邦让家乡的子弟唱了这首歌。司马迁在《高祖本纪》里说："高祖乃起舞，慷慨伤怀，泣数行下。"刘邦心里应该有很多感慨吧。他在乱世的风云变幻中乘势而起，后来登上皇帝的宝座。但他仍然感到不安，他多希望有人替他守住这辽阔的疆域。

五

留侯从上击代，出奇计马邑下，及立萧何相国，所与上从容言天下事甚众，非天下所以存亡，故不著。留侯乃称曰："家世相韩，及韩灭，不爱万金之资，为韩报雠强秦，天下振动。今以三寸舌为帝者师，封万户，位列侯，此布衣之极，于良足矣。愿弃人间事，欲从赤松子游耳。"乃学辟谷，道引轻身。

在《留后世家》的最后，司马迁说，张良这一生的事迹实在太多了，“非天下所以存亡，故不著”，如果不是事关天下存亡的，就不写了。如果不是张良，刘邦就不会顺利攻下峣关，就不会率先进入关中；如果不是张良，鸿门宴上刘邦就不会成功脱身；如果不是张良，汉初群臣就会同时造反，就会出现难以收拾的局面；如果不是张良，太子的人选就会发生变动，将来赵王如意继位，势必朝局大乱。大汉江山稳固，张良功不可没。

但张良更厉害的地方，是懂得及早抽身退步。他处在权力场的中心，但从来不留恋权力与富贵。他很坦然地离开了这片是非之地，他说：“愿弃人间事，欲从赤松子游耳。”他放弃了人间的荣华，跟着赤松子修道去了。

会高帝崩，吕后德留侯，乃强食之，曰：“人生一世间，如白驹过隙，何至自苦如此乎！”留侯不得已，强听而食。

后八年卒，谥为文成侯。子不疑代侯。

刘邦死后，吕后很感激张良，于是极力劝张良吃点饭。前面说张良跟着赤松子去学辟谷。辟谷，就是一种不吃饭的修行方式。吕后说：“人活一世，好像白驹过隙，干吗这么苦待自己？”张良没办法，于是吃了几口。

子房始所见下邳圯上老父与太公书者，后十三年从高帝过济北，果见穀城山下黄石，取而葆祠之。留侯死，并葬黄石冢。每上冢伏腊，祠黄石。

我们应该还记得当初张良遇到的那个老人吧。和老人分别十三年以后，张良路过济北，果然在穀城山下遇到了一块黄石。张良死后，和那块黄石葬在了一起。

太史公曰：学者多言无鬼神，然言有物。至如留侯所见老父予书，亦可怪矣。高祖离困者数矣，而留侯常有功力焉，岂可谓非天乎？上曰："夫运筹策帷帐之中，决胜千里外，吾不如子房。"余以为其人计魁梧奇伟，至见其图，状貌如妇人好女。盖孔子曰："以貌取人，失之子羽。"留侯亦云。

黄石老人到底存不存在，很难说，但司马迁还是在他的书里保留了这一点。司马迁说他本来以为张良应该是魁梧的大汉，可是当他见到张良画像的时候，发现原来张良长得像一个美丽的女子。很有意思。

历史上的功臣大多没什么好下场，吴起，商鞅，韩信……这串名单还可以一直列下去。张良有功，却能全身而退，实在不容易。说到底，可能是因为他没什么欲望吧。一个无所求的人，必满载而归。

国士无双：

《淮阴侯列传》

一

像我们谈到过的很多人一样，韩信人生的前半段，也是灰暗的。

> 淮阴侯韩信者，淮阴人也。始为布衣时，贫无行，不得推择为吏，又不能治生商贾，常从人寄食饮，人多厌之者。

韩信穷，而且没有谋生的本事。第一，他品行不佳，没有人推荐他去当个小吏。第二，他不会做生意。但人都要生存，韩信有他自己的方法。他放下脸面，每天跑到别人家蹭吃蹭喝。时间一长，周围的人都很烦他。

> 常数从其下乡南昌亭长寄食，数月，亭长妻患之，乃晨炊蓐食。食时信往，不为具食。信亦知其意，怒，竟绝去。

韩信找到了一张长期饭票，这个倒霉的人是南昌的亭长。从此，南昌亭长他们家多了一双筷子。韩信每天到了饭点儿就去亭长家吃饭，吃完了抹抹嘴就走了。亭长倒没说什么，但亭长的老婆愁啊，于是计上心来。这天早上，亭长一家早早地就把饭吃完了。饭压根儿就没摆到桌子上，“晨炊蓐食”，意思是直接在被窝里吃了。韩信来了一看，桌子上是空的，碗、筷子，什么都没有。韩信不傻，这是赶人呢，于是转身就走。司马迁很有意思，他说韩信的反应是“怒”。他白吃白喝，吃得别人不满意了，要赶他走，他自己却很生气。

> 信钓于城下，诸母漂，有一母见信饥，饭信，竟漂数十日。信喜，谓漂母曰：“吾必有以重报母。”母怒曰：“大丈夫不能自食，吾哀王孙而进食，岂望报乎！”

大概是因为实在找不到吃的了，所以韩信跑去钓鱼。河边有好多女人在漂洗衣服，其中一个大娘比较善良，看见韩信饿得没人样了，于是每天给韩信带点儿吃的来。这个大娘厚道，自己在这洗了几十天衣服，给韩信带了几十天饭。韩信非常感动，说：“等将来我有钱了，一定好好报答您！”大娘生气了。大娘说：“这么大一个人，不能自食其力，丢人！我是可怜你才给你饭吃，谁图你以后报答？”这个大娘压根儿没觉得韩信有多大本事，她给韩信饭吃，纯粹是出于怜悯。她觉得韩信现在说这个话，完全是骗人。

淮阴屠中少年有侮信者，曰："若虽长大，好带刀剑，中情怯耳。"众辱之曰："信能死，刺我；不能死，出我袴下。"

这一天，韩信碰上事儿了，他被人堵在了路上。对方说："你看着高高大大的，又喜欢舞刀弄剑，但你骗得了别人骗不了我。你呀，就是个怂包！"这人当着在场所有人的面说："你韩信要是不怕死，就捅死我；你要是怕了，就从我裤裆底下钻过去。"这人吃准了韩信不敢捅他。

于是信孰视之，俛出袴下，蒲伏。一市人皆笑信，以为怯。

韩信沉默了，他盯着眼前这个人看了很久。司马迁说韩信"孰视之"，写得好，把韩信的心理全写出来了。看，就说明韩信在想。他在判断，杀了这个人值不值。他的结论是：不值。他知道，自己的命比眼前这个人的命值钱。他要等待机会，有朝一日实现自己的价值。他决定忍了。忍耐，在某种程度上，是对自己的高度自信。于是他弯下腰，趴在地上，从少年的胯下钻了过去。在场的所有人都在笑韩信，觉得他是个胆小鬼。但他们以为的勇敢，只是无知，他们眼里的懦弱，才是真正的勇敢。

二

及项梁渡淮，信杖剑从之，居戏下，无所知名。项梁败，又属项羽，羽以为郎中。数以策干项羽，羽不用。汉王之入蜀，信亡楚归汉，未得知名，为连敖。

天下乱成一片，各路英雄乘势而起。韩信知道，机会来了。他拿着一把剑，孤身一人来到项梁的军中。韩信本来想大展拳脚，但是很可惜，项梁没识别出他是个人才。项梁兵败，韩信又在项羽手下做事。韩信给项羽出了很多计策，但是项羽都没有采纳。韩信灰心了，他默默地从项羽那里离开，投奔了刘邦。但遗憾的是，刘邦也没有重用韩信。“无所知名”“羽不用”“未得知名”，几个字里充满了挫败感。千里马常有，而伯乐不常有。在人群中识别出真正的人才，从来都不是一件容易的事。

坐法当斩，其辈十三人皆已斩，次至信，信乃仰视，适见滕公，曰：“上不欲就天下乎？何为斩壮士！”滕公奇其言，壮其貌，释而不斩。与语，大说之。言于上，上拜以为治粟都尉，上未之奇也。

韩信的人生跌倒了谷底。他犯了法，要被处斩。前面十三个人都已经被斩了，现在轮到韩信。司马迁故意把气氛写得很紧张。韩信知道，如果这个机会再不抓住，自己的一生就要这么结束了。于是他抬起头。在他抬起头的那一刻，他看见了滕公夏侯婴。他冲着夏侯婴大喊："汉王不是想夺取天下吗？为什么斩有用的人！"夏侯婴一听，很震惊，又看了看韩信的样子，心里一动。夏侯婴让人把韩信放了。两个人一聊，夏侯婴才知道，眼前这个人不简单。于是夏侯婴把韩信推荐给了刘邦，但刘邦并没有觉得韩信有什么了不起。夏侯婴的反应是"大说之"，就是"大悦之"，非常高兴；但刘邦的反应，是"未之奇也"，没把韩信当回事儿。识人，确实很难。

信数与萧何语，何奇之。至南郑，诸将行道亡者数十人，信度何等已数言上，上不我用，即亡。何闻信亡，不及以闻，自追之。

萧何和韩信聊了几回，也很吃惊。萧何知道，这个人了不起。在进入汉中的路上，很多将士中途都逃跑了。韩信估计萧何他们已经在刘邦面前多次推荐过自己了，但刘邦还是没有重用自己，于是决定逃跑。萧何一听说韩信跑了，还没来得及和刘邦打个招呼，自己跨上马就跑去追韩信。

人有言上曰："丞相何亡。"上大怒，如失左右手。居

> 一二日，何来谒上，上且怒且喜，骂何曰："若亡，何也？"何曰："臣不敢亡也，臣追亡者。"上曰："若所追者谁何？"曰："韩信也。"上复骂曰："诸将亡者以十数，公无所追；追信，诈也。"

这一段刘邦的反应特别有意思。刘邦听人说萧何跑了，第一个反应是"大怒"。他生气啊，是被最信任的人背叛的那种生气。萧何从一开始就跟着他，风风雨雨这么多年，结果跑了。生气之余，刘邦感到很无助，"如失左右手"。"如失左右手"，说明萧何对刘邦很重要。刘邦看重萧何，是写萧何有本事；而萧何看重韩信，是写韩信更有本事。由此可见韩信的才能。过了一两天，萧何回来了，刘邦的反应是"且怒且喜"。怒，是因为萧何不打一声招呼就跑了；但更多的还是喜，失而复得，总是让人愉快。刘邦素质不高，一上来就骂，问萧何为什么跑。萧何说："我不敢跑，我是去追逃跑的人。"刘邦一听，原来是这样，怒气消了一半。刘邦问萧何追的是谁。萧何说："韩信。"刘邦一听，又骂起来了。刘邦的骂，反映出一点，那就是在刘邦眼里，韩信根本不值得追，他从来就没把韩信当成一个有用的人。刘邦说："别人跑了你不追，韩信跑了你倒去追，你骗我玩呢！"从"怒"，到"且怒且喜"，再到"骂""复骂"，司马迁几笔下来，刘邦这个人物被雕刻得非常有层次感。

何曰："诸将易得耳。至如信者，国士无双。王必欲长王汉中，无所事信；必欲争天下，非信无所与计事者。顾王策安所决耳。"

萧何接下来的话很重要。萧何说："普通的将领很容易得到，但韩信，国士无双。""国士无双"这四个字太重了。就是说韩信这种人，只能有一个，再找不出第二个。萧何说："大王要是想一直留在汉中，那估计韩信没什么用；但是，如果你想要夺取天下，除了韩信，没人能帮你。你自己看着办吧。"一句话，敲在刘邦心上。

王曰："吾亦欲东耳，安能郁郁久居此乎？"何曰："王计必欲东，能用信，信即留；不能用，信终亡耳。"王曰："吾为公以为将。"何曰："虽为将，信必不留。"王曰："以为大将。"何曰："幸甚。"

刘邦说："我当然不想一辈子憋憋屈屈地待在这里了。"萧何说："你能用韩信，他就会留下，要是不能用，他还会逃走。"刘邦想了想，说："那行吧，看在你的面子上，我封他为将军。"一句"吾为公以为将"，说明刘邦还是不信任韩信。萧何说："即便是将军，他也不会留下。"刘邦又想了想，下定决心，说："我封他为大将军！"萧何说："这再好不过了。"

> 于是王欲召信拜之。何曰："王素慢无礼，今拜大将如呼小儿耳，此乃信所以去也。王必欲拜之，择良日，斋戒，设坛场，具礼，乃可耳。"王许之。

刘邦刚准备把韩信叫过来宣布任命，萧何就阻止了。萧何说："你真是无礼，现在封大将军，就好像叫个小孩过来一样。你知道韩信为什么走吗？就是这个原因！你要真想封他，找个好日子，筑个坛，弄得排排场场的。"刘邦答应了。萧何这么做的目的，是要让韩信觉得自己受到了足够的重视。当一个人被充分尊重了，他就愿意贡献自己的价值。

> 诸将皆喜，人人各自以为得大将。至拜大将，乃韩信也，一军皆惊。

大家听说要封大将军了，都很高兴，以为被封的一定是自己。等到宣布任命的时候，发现是韩信，"一军皆惊"。从众人的反应来看，大家也都没把韩信当成一个人物。由此可见，夏侯婴、萧何了不起。

韩信终于从低谷走了出来，一步一步走向高处。从一开始乞食时的"人多厌之"，到后来受胯下之辱"人皆笑"，再到后来"无所知名""未得知名""未之奇"，司马迁一路上把韩信按在地上写。韩信一次次受挫，一次次被生活打击，一次次被命运按下脖颈……但他最终是要昂起头颅的。他终于站起来了。至此，“一军皆惊”。前面所有的文字，都是为这四个字做准备。

三

在刘邦和项羽争夺天下的过程中，韩信功不可没。他是继白起、章邯之后的新一代战神。不得不说，他是一个军事天才。在刘邦与项羽的决战中，如果没有韩信，刘邦根本不可能战胜项羽。然而当刘邦夺取天下之后，危险却一步步向韩信走来。

> 汉五年正月，徙齐王信为楚王，都下邳。
>
> 信至国，召所从食漂母，赐千金。及下乡南昌亭长，赐百钱，曰：“公，小人也，为德不卒。”召辱己之少年令出胯下者以为楚中尉。告诸将相曰：“此壮士也。方辱我时，我宁不能杀之邪？杀之无名，故忍而就于此。”

汉初，刘邦封韩信为楚王。当韩信来到楚国后，他做了三件事。第一，韩信找到从前那个给他饭吃的大娘，给了她千金。韩信并没有食言，当初他说将来一定会重重报答的，他做到了。第二，他找到那个南昌亭长。毕竟韩信在他家吃了很长时间饭。韩信给了他百钱。韩信说：“你呀，真是个小人。”第三，韩信找到那个侮辱自己的少年。韩信没有杀他，也没有羞辱他，反而给了他一个官做。韩信当着众人的面说："当初他羞辱我的时候，我不能一剑捅死他吗？可以的。但是那么做毫无意义。我之所以忍了，就是为了成就今天的我。"和李广比起来，韩信的做法显然更高明一些。李广在被霸陵尉羞辱之后，找到机会就把霸陵尉杀了。但杀一个人，并不是真正的复仇。韩信留了那个少年一条命，既显示了自己的大度，同时让那个少年每天都活在恐惧和不安中。那个人知道，韩信可以随时取走自己的性命。

> 项王亡将钟离眛家在伊庐，素与信善。项王死后，亡归信。汉王怨眛，闻其在楚，诏楚捕眛。信初之国，行县邑，陈兵出入。

项羽从前有一个部下，叫钟离眛。项羽死后，钟离眛来投奔韩信。刘邦和钟离眛有仇，可能因为钟离眛在战场上让刘邦吃过亏。刘邦听说钟离眛在楚国，于是让韩信把钟离眛抓起来。

> 汉六年，人有上书告楚王信反。高帝以陈平计，天子巡狩会诸侯，南方有云梦，发使告诸侯会陈："吾将游云梦。"实欲袭信，信弗知。

有人告发韩信谋反。陈平为刘邦出了一条计策，让刘邦假装去南方巡视诸侯，然后派人告诉各诸侯王，到陈这里来朝见。等韩信来了，就地逮捕。

高祖且至楚，信欲发兵反，自度无罪，欲谒上，恐见禽。人或说信曰："斩眛谒上，上必喜，无患。"信见眛计事。眛曰："汉所以不击取楚，以眛在公所。若欲捕我以自媚于汉，吾今日死，公亦随手亡矣。"乃骂信曰："公非长者！"卒自刭。

刘邦马上就要到楚国了。韩信准备发兵谋反，但是想来想去，自己没什么错，为什么要反呢？他想去见刘邦，又怕被刘邦趁机抓住。有人就给韩信出主意，让韩信把钟离眛杀了。刘邦看见钟离眛的人头，就不会怀疑韩信了。于是韩信找到钟离眛，和他商量。钟离眛说："我今天要是死了，下一个死的就是你！"钟离眛被逼无奈，自杀了。

信持其首，谒高祖于陈。上令武士缚信，载后车。信曰："果若人言，'狡兔死，良狗亨；高鸟尽，良弓藏；敌国破，谋臣亡'。天下已定，我固当亨！"上曰："人告公反。"遂械系信。至雒阳，赦信罪，以为淮阴侯。

韩信拿着钟离眛的头，去陈见刘邦。结果刚见到刘邦，刘邦就让人把韩信绑了。韩信在车上大喊："别人说的果然没错：狡兔死，走狗烹！现在天下都是你的了，你用不着我了，我就该死了！"刘邦说："有人告发你谋反！"刘邦带着韩信来到洛阳。刘邦其实知道韩信无罪，他把韩信带过来，也只是想让韩信待在自己眼皮底下。最终韩信从楚王被降为淮阴侯。

四

> 信知汉王畏恶其能，常称病不朝从。信由此日夜怨望，居常鞅鞅，羞与绛、灌等列。信尝过樊将军哙，哙跪拜送迎，言称臣，曰："大王乃肯临臣！"信出门，笑曰："生乃与哙等为伍！"

韩信离开楚国后的生活变得灰暗无光，他每天都过得十分压抑。他知道刘邦对自己的才能既忌惮又反感，于是就经常称病不去朝见。韩信心里充满了怨恨，他为自己感到不平。他觉得现在和周勃、灌婴这些人一个等级，是很羞耻的事。有一次韩信到樊哙家去，樊哙非常恭敬。司马迁说"哙跪拜送迎"，而且对韩信自称为"臣"。樊哙对韩信的到来十分惶恐，说："没想到大王竟然肯到我家来。"韩信出门的时候笑了。韩信说："真没想到，到头来竟然混得和你们一样。"

上常从容与信言诸将能不，各有差。上问曰："如我能将几何？"信曰："陛下不过能将十万。"上曰："于君何如？"曰："臣多多而益善耳。"上笑曰："多多益善，何为为我禽？"信曰："陛下不能将兵，而善将将，此乃信之所以为陛下禽也。且陛下所谓天授，非人力也。"

有一回刘邦和韩信闲聊，聊各个将领的能力，问韩信他们都能带多少兵。刘邦说："你看我能带多少兵？"韩信说："最多十万。"刘邦说"那你呢？"韩信说出了那句著名的台词："多多益善。"这话说得没边儿了。韩信的意思是，没数，越多越好。这话如果单独拿出来看，问题不大。但是前面已经说了刘邦只能带十万，这里说自己多多益善，就有点放肆了。但刘邦没生气，反而笑了，说："既然你这么厉害，怎么还被我抓了？"韩信说："我能带的，是兵。你能带的，是将。这是你比我厉害的地方。"韩信这一句说的倒是实话。可以说，韩信是一个非常优秀的技术型人才。他懂兵法，懂作战，用兵极精，常常能出奇制胜。但刘邦是一个管理型人才，懂人心，这一点，韩信不如刘邦。

陈豨拜为巨鹿守，辞于淮阴侯。淮阴侯挈其手，辟左右与之步于庭，仰天叹曰："子可与言乎？欲与子有言也。"豨曰："唯将军令之。"

陈豨要去巨鹿上任之前，和韩信道别。韩信把身边的人支开，拉着陈豨的手，在院子里仰天长叹。韩信说："能和你说说心里话吗？"陈豨说："不管什么事，我都唯命是从。"但韩信接下来说的话危险了。

淮阴侯曰："公之所居，天下精兵处也；而公，陛下之信幸臣也。人言公之畔，陛下必不信；再至，陛下乃疑矣；三至，必怒而自将。吾为公从中起，天下可图也。"陈豨素知其能也，信之，曰："谨奉教！"

韩信说："你在的地方，是精兵驻扎的地方；而你又是陛下宠信的臣子。有一个人说你谋反，陛下肯定不信，但有两个人说，陛下就会起疑心。等到有第三个人说时，陛下一定会亲自率兵去平叛。那个时候，你在外，我在内，我们里应外合，可以一举夺得天下。"陈豨说："一言为定！"

汉十年，陈豨果反。上自将而往，信病不从。阴使人至豨所，曰："弟举兵，吾从此助公。"信乃谋与家臣夜诈诏赦诸官徒奴，欲发以袭吕后、太子。部署已定，待豨报。

陈豨果然反了。刘邦亲自带兵去平叛。韩信推说自己有病，就没去。韩信暗中派人去给陈豨报信："你只管起兵，我在关中呼应你！”于是韩信和家臣谋划，准备假托刘邦的命令，把关在牢里的囚徒都放出来，组织起一支军队，一举把太子和吕后拿下。已经安排得差不多了，只等陈豨那边的回信。

其舍人得罪于信，信囚，欲杀之。舍人弟上变，告信欲反状于吕后。

但韩信谋反的风声走漏了。有一个家臣得罪了韩信，韩信把他抓了，准备杀掉。这个家臣的弟弟得知了韩信要谋反的消息，悄悄去告诉了吕后。

吕后欲召，恐其党不就，乃与萧相国谋，诈令人从上所来，言豨已得死，列侯群臣皆贺。相国绐信曰：“虽疾，强入贺。”

吕后准备把韩信叫到宫里来，但是怕韩信不来，于是就和萧何商议。商议的结果是，找人谎称是从前线回来的，说陈豨已经死了，这样大家都会进宫庆贺。萧何去找到韩信，说：“虽然你病着，但还是坚持坚持，进宫去祝贺祝贺。”从前是萧何把韩信追回来的，现在，也是萧何，准备把韩信骗进宫。

信入，吕后使武士缚信，斩之长乐钟室。信方斩，曰：“吾悔不用蒯通之计，乃为儿女子所诈，岂非天哉！”

遂夷信三族。

韩信一入宫，吕后就派人把韩信绑了。吕后并没有和韩信多说什么，直接在长乐宫的钟室把韩信斩了。韩信临终前说的最后一句话是："我真后悔当初没听蒯通的，现在竟然被女人给骗了，天意啊！"韩信死后，吕后诛灭了韩信的三族。韩信的一生，就这样潦草地结束了。

但是如果我们仔细推敲一下，会发现在司马迁的记述里，韩信谋反这件事有很多疑点。

第一，谋反的时机不对。我们知道，在楚汉相争之际，曾经有人劝说过韩信自己出来单干。那个时候韩信的实力完全允许他这样做。当时如果韩信支持项羽，项羽就会打败刘邦；如果韩信支持刘邦，刘邦就会打败项羽；而如果韩信自立为王，天下就会形成三足鼎立的局面。韩信临死前说后悔没有听蒯通的话，蒯通当初就力主韩信自成一派势力。但当时韩信拒绝了，韩信认为刘邦对自己有知遇之恩，不忍心背叛。当时那么好的机会不反，现在天下已经平定了才想起要谋反，不太合理。

第二，从司马迁的描述来看，韩信是一个知恩图报的人。那个洗衣服的大娘仅仅是给了韩信吃的，韩信就以千金回报，这说明韩信的品性很好。一饭尚且值千金，知遇之恩说忘就忘了？韩信的谋反，缺乏性格层面的支撑。

第三，从谋反的各种准备上来看，疑点也很多。比方说韩信最初和陈豨说的那番话。韩信怎么就那么笃定，陈豨肯定会谋反？当陈豨听到韩信那番话之后，有没有可能上报给刘邦呢？如果上报给刘邦，那韩信就危险了。另外，既然韩信当时已经把身边的人支开了，那他和陈豨说的话，有谁听到了呢？再比如，韩信决定用一支由囚徒临时组成的队伍去谋反。虽然说刘邦带着大军在外平叛，但这不意味着长安没有一兵一卒。一支临时组成的杂牌军，有什么把握一定能战胜朝廷里的正规军呢？还有，既然已经决定谋反了，怎么会轻易地相信萧何的话，进宫祝贺呢？稍微动动脑子，都知道可能有诈。

综合起来看，韩信谋反这件事，疑点重重。其实我们可以基本断定，韩信是没有谋反的。但最终，他被安上了一个谋反的罪名。事情的真相究竟如何，我们已经无从了解了。或许司马迁也并不知道，韩信临死前究竟发生了什么，他只是根据当时能够看到的材料，把这个疑点重重的故事，原原本本地记录了下来。

不管韩信是怎么死的，刘邦的反应总归是真实的。当刘邦平叛归来，得知了韩信已死的消息，司马迁说他“且喜且怜之”。这就是真实的人性。刘邦觉得不忍，毕竟韩信是有功之人，没有他，自己就无法夺取天下。但刘邦也觉得高兴，他心里那块石头终于放下了，那个定时炸弹被拆除了。他知道，除了韩信，再没有谁能对他构成威胁，他可以睡一个安稳觉了。

历史有意思的地方就在于，我们可以从中看到复杂的人性。历史就像是一面镜子，镜子里有你，也有我。

奇计与阴谋：

《陈丞相世家》

一

陈平，用一个词来形容，就是“智囊”。他就像一只装满了计策的锦囊，无论什么时候，都能想出别人想不出的办法。虽然有时候他用的计策不怎么光彩，用他自己的话说，很多都是“阴谋”，但你还是不得不感叹一句：这是个聪明人。

> 陈丞相平者，阳武户牖乡人也。少时家贫，好读书，有田三十亩，独与兄伯居。伯常耕田，纵平使游学。

陈平年轻的时候家里不富裕，和哥哥一块住。这里称他的哥哥是“伯”，我们就叫他陈老大吧。司马迁说陈平“好读书”，这三个字已经显示出陈平不凡。陈老大人不错，自己种地，养活一家，而且全力资助陈平出去学习。在陈老大看来，自己这个弟弟比自己有出息。陈老大有这样的见识，很不简单。

> 平为人长美色。人或谓陈平曰：“贫何食而肥若是？”其嫂嫉平之不视家生产，曰：“亦食糠覈耳。有叔如此，不

如无有。”伯闻之，逐其妇而弃之。

陈平个子很高，长相也很不错。村里有人对陈平开玩笑：“你们家这么穷，你吃啥吃得这么白白胖胖的？”陈平的嫂子对陈平已经不满很久了——作为一个男性，陈平只知道读书学习，对家里的农活一点儿不放在心上。陈平他嫂子说：“能吃啥？吃的还不是五谷杂粮？有这么个小叔子，真不如没有。”陈老大听见他老婆说的话，非常生气。一怒之下，陈老大把他老婆赶回家了。当然了，从后文我们知道，陈平的嫂子过了一段时间又回来了。

及平长，可娶妻，富人莫肯与者，贫者平亦耻之。久之，户牖富人有张负，张负女孙五嫁而夫辄死，人莫敢娶。平欲得之。

慢慢地，陈平岁数大了，到了娶亲的年纪了。但是陈平家穷啊，富人不愿意把闺女嫁给他，穷人家的孩子，他又看不上。当地有一个富户叫张负。张负有个孙女，已经嫁了五次了，但每次一嫁过去，丈夫就死了。大家害怕啊，觉得这姑娘克夫，不祥，所以没人敢再娶她了。但是陈平不怕，陈平觉得这姑娘挺好。

邑中有丧，平贫，侍丧，以先往后罢为助。张负既见之丧所，独视伟平，平亦以故后去。

当地有人家办丧事，陈平穷啊，于是过去帮忙，每次都是最早去最后走。最后走，有两个原因：第一，这样能多拿点儿钱；第二，他要在张负面前表现表现，找个机会和张负搭上话。张负在办丧事的人家里看了一圈，发现只有陈平这个人不错。这里说“独视伟平”，和前面写的“平为人长美色”相呼应。

> 负随平至其家，家乃负郭穷巷，以弊席为门，然门外多有长者车辙。

张负跟着陈平到了家。张负一看，确实穷，家里连扇门都没有，拿一张破席子当门。虽然穷，陈平家门口的车轮印子却不一般，不是普通运货车的。张负断定，这是有身份的人坐的车。这些人愿意跑到这个穷巷子里和陈平谈天说地，说明陈平这个人有本事。看一个人怎么样，看和他交往的人就能知道个差不多。一个“乃”，一个“然”，写出张负心理的变化。

> 张负归，谓其子仲曰：“吾欲以女孙予陈平。”张仲曰：“平贫不事事，一县中尽笑其所为，独奈何予女乎？”负曰：“人固有好美如陈平而长贫贱者乎？”卒与女。

回了家，张负和儿子张老二说：“把孙女嫁给陈平吧。”张老二说：“陈平一点活儿不干，全县没有不笑话他的，我把女儿嫁给他？”张负说：“你看过哪个人像陈平长得这么好，但是穷了一辈子的？”于是张负做主，把孙女嫁给了陈平。张负这个人眼睛确实毒，看得比一般人远。

> 为平贫，乃假贷币以聘，予酒肉之资以内妇。负诫其孙曰：“毋以贫故，事人不谨。事兄伯如事父，事嫂如母。”

但是陈平家穷，出不起聘礼。张负干脆借给陈平一笔钱，让他下聘礼、办酒席。这场婚事，张家全包了。这相当于张家白送给了陈平一个老婆。出嫁前，张负还嘱咐孙女，千万不能嫌人家穷。这里说“事嫂如母”，说明之前被赶走的陈平的嫂子现在回来了。

> 平既娶张氏女，赍用益饶，游道日广。

陈平娶了张氏，等于赚了人生的第一桶金。他迅速完成了资本的原始积累。有了钱，他交游的范围一下子变广了。这里“游道日广”和前面说的“纵平使游学”“门外多有长者车辙”相呼应。

> 里中社，平为宰，分肉食甚均。父老曰：“善，陈孺子

之为宰!"平曰:"嗟乎,使平得宰天下,亦如是肉矣!"

这里司马迁又写了一件小事。透过这件小事,可以看出陈平的志向。陈平他们村祭祀土地神,祭祀完了之后要分祭肉。这事儿由陈平来办。陈平分得很平均,每个人拿到的都一样。所谓"不患寡而患不均",大家一看拿到的和别人一样,都很满意。长辈们表示出了对陈平的赞赏:"可以嘛,你小子,分得这么好!"陈平说:"将来有一天,要是让我来分天下,也会像现在分肉这样!"司马迁很喜欢写人没有发迹时无意间流露出来的壮志。《陈涉世家》里,司马迁写陈涉说:"燕雀安知鸿鹄之志哉?"《高祖本纪》里,司马迁写刘邦看见秦始皇的车驾,羡慕得不得了,说:"嗟乎,大丈夫当如此也!"

二

陈涉起而王陈,使周市略定魏地,立魏咎为魏王,与秦军相攻于临济。陈平固已前谢其兄伯,从少年往事魏王咎于临济。魏王以为太仆。说魏王不听,人或谗之,陈平亡去。

陈涉起事,天下大乱,陈平看到了机会。他和哥哥告别,自已跟着一群年轻人，投靠了魏王。这里司马迁特别点出“陈平固已前谢其兄伯”，是和前面陈老大“纵平使游学”“逐其妇而弃之”相呼应，写出兄弟两人感情很深。陈平到了魏王这里，给魏王出了一些计谋，但很遗憾，魏王并不理睬陈平的建议。陈平在魏王这里又受到了别人的诋毁，于是只能逃走。

> 久之，项羽略地至河上，陈平往归之，从入破秦，赐平爵卿。项羽之东王彭城也，汉王还定三秦而东，殷王反楚。项羽乃以平为信武君，将魏王咎客在楚者以往，击降殷王而还。项王使项悍拜平为都尉，赐金二十溢。居无何，汉王攻下殷。项王怒，将诛定殷者将吏。陈平惧诛，乃封其金与印，使使归项王，而平身间行杖剑亡。

过了一段时间，陈平又投靠了项羽，随着项羽进入关中。项羽分封诸侯之后，殷王司马印反了，项羽派陈平去平定。陈平击败了司马印就回来了。但很快，刘邦又把殷攻了下来。项羽非常生气，准备诛杀之前平定殷的将士。陈平害怕了，于是把赏金和印信封存，派使者交给项羽，自己拿着剑就逃了。这是陈平的第二次逃亡了。

> 渡河，船人见其美丈夫独行，疑其亡将，要中当有金玉宝器，目之，欲杀平。平恐，乃解衣裸而佐刺船。船人

知其无有，乃止。

陈平渡河，结果船夫看见陈平长相俊美，又一个人独行，怀疑他是逃跑的将领。这里说陈平“美丈夫”，和前面“平为人长美色”相呼应。船夫想，这人身上肯定有很多金银珠宝，于是目露凶光，准备杀了陈平。“目之”，两个字里暗藏杀机。这一段，很像后世《水浒传》里的情节。《水浒传》里写宋江被人追赶，看见江中有一条小船，赶紧跳到船上去，结果船夫不是什么好人——“那梢公一头搭上橹，一面听着包裹落舱有些好响声，心里暗喜欢，把橹一摇，那只小船早荡在江心里去。”陈平现在面临的情况也很危急。他急中生智，把衣服都脱了，意思是，你看吧，一分钱也没有。船夫一看，于是作罢。

平遂至修武降汉，因魏无知求见汉王，汉王召入。是时万石君奋为汉王中涓，受平谒，入见平。平等七人俱进，赐食。王曰：“罢，就舍矣。”平曰：“臣为事来，所言不可以过今日。”

陈平来到了刘邦这里。通过魏无知，陈平见到刘邦。刘邦没把陈平当回事，摆摆手，让陈平先去歇着。陈平说：“我是为大事来的，我要说的话，不能拖过今天。”这是陈平聪明的地方。如果今天来了，什么都没说，以后想要再见刘邦，就很难了。陈平必须抓住这个机会，而且他要直接把话说到刘邦的心上。他知道刘邦想听什么。只有这样，他才能得到重用。这里说“平等七人俱进”，一共来了七个人，其余六个怎么样呢？不知道，但只有陈平得到了重用。这就是陈平和那六个人的区别。

> 于是汉王与语而说之，问曰：“子之居楚何官？”曰：“为都尉。”是日乃拜平为都尉，使为参乘，典护军。诸将尽谨，曰：“大王一日得楚之亡卒，未知其高下，而即与同载，反使监护军长者。”汉王闻之，愈益幸平。遂与东伐项王。至彭城，为楚所败。引而还，收散兵至荥阳，以平为亚将，属于韩王信，军广武。

刘邦和陈平一聊，很高兴。陈平带来的，一定是项羽内部的军情，这让刘邦很满意。刘邦问陈平：“在项羽手下是什么官职？”陈平说：“都尉。”于是刘邦让陈平也在自己手下做了一个都尉，还让陈平当了自己的警卫员，负责监管督查众将士。这道任命一公布，将士们不满意了。“谨”，就是“喧”。大家吵到刘邦跟前，说：“他不过就是个从项羽那儿来的逃兵，今天刚到，还没试出深浅，就让他监督我们这些人，不合适吧！”刘邦一听，对陈平更加信任了。这里写众将士的不满，为后面周勃、灌婴诋毁陈平埋下伏笔。接下来刘邦和项羽在彭城打了一仗，结果大败。

绛侯、灌婴等咸谗陈平曰："平虽美丈夫，如冠玉耳，其中未必有也。臣闻平居家时，盗其嫂；事魏不容，亡归楚；归楚不中，又亡归汉。今日大王尊官之，令护军。臣闻平受诸将金，金多者得善处，金少者得恶处。平，反覆乱臣也，愿王察之。"

绛侯，就是周勃，是一员猛将。周勃和灌婴这些人在刘邦面前诋毁陈平。诋毁的原因，是陈平得罪了他们。陈平得罪他们，一是因为他们现在得受陈平的监管；二是因为陈平受到刘邦的宠信，让他们不满。我们来看一看他们的指控。第一条，陈平还是老百姓的时候，"盗其嫂"，也就是和他的嫂子有私情。首先，这属于个人生活作风问题，不算什么严重的罪过。其次，这纯属谣言。前面说过，陈平的嫂子对陈平非常不满，认为他光吃饭不干活儿，对他语出讽刺。因此这条指控是不成立的。再看第二条，在魏王那儿干不下去了，就去项羽那儿，在项羽那儿干不下去了，就跑到刘邦这里，这说明这个人是个三心二意的小人。这说的是客观的事实。但是在当时的环境下，像陈平这样的人很多，韩信也是从项羽手下逃过来的，这不能说明什么问题。第三条，陈平收受贿赂。给钱多的，就得到优待；给钱少的，就被穿小鞋。这确实是个问题。

汉王疑之，召让魏无知。无知曰："臣所言者，能也；

陛下所问者，行也。今有尾生、孝己之行而无益于胜负之数，陛下何暇用之乎？楚汉相距，臣进奇谋之士，顾其计诚足以利国家不耳。且盗嫂受金又何足疑乎？”

刘邦很生气，把魏无知叫过来训斥了一顿。魏无知这个人逻辑非常清晰，他说：“我说的，是能力，你问的，是品行。这两个压根儿就不是一回事。现在这种情况下，即便我推荐一个品德十分高尚的人，你要他干什么用呢？现在楚汉相争，我们需要的是有能力，能出谋划策，有奇计的人才。只要他对我们有用，就可以了。你管他和嫂子私不私通、有没有受贿呢？”

汉王召让平曰：“先生事魏不中，遂事楚而去，今又从吾游，信者固多心乎？”平曰：“臣事魏王，魏王不能用臣说，故去，事项王。项王不能信人，其所任爱，非诸项即妻之昆弟，虽有奇士不能用，平乃去楚。闻汉王之能用人，故归大王。臣裸身来，不受金无以为资。诚臣计画有可采者，愿大王用之；使无可用者，金具在，请封输官，得请骸骨。”汉王乃谢，厚赐，拜为护军中尉，尽护诸将。诸将乃不敢复言。

魏无知的话有道理吗？有。刘邦被说服了吗？被说服了。但刘邦心里还是觉得不痛快，像吃了个苍蝇。于是他又把陈平叫来，问他从魏跑到楚，又从楚跑到汉，是什么情况。陈平也很坦诚。他聪明的地方就在于，他知道当对方已经怀疑自己的时候，坦诚反而是最好的武器。陈平说："没办法啊。我在魏王那儿呢，魏王不听我的。项羽那儿，用的全是自己家亲戚，根本不用我。我之所以来你这，就是听说你能用人。"无形之中把魏王、项羽、刘邦三个人做了比较，并排出了高下等级，看起来是在给自己辩白，其实是在抬高刘邦。这话一说，刘邦心里已经高兴坏了。陈平接着说："问题是我来的时候一分钱没有，我要是不收点贿赂，没法儿办事。现在情况就是这么个情况，你要觉得我能用，你就用；要是觉得我不行，钱都在这，我一分没动，直接上缴国库，我走人。"陈平的意思是，我是拿了钱，但我是为了你，我不是为自己。刘邦一听，怀疑彻底打消——道歉，赏赐，升官。从此诸将的嘴被堵得严严实实。刘邦对陈平的态度，从一开始的"幸"，变成"疑"，又变成现在的"谢"，经历过波折，两个人的关系比之前更牢固。

三

其后，楚急攻，绝汉甬道，围汉王于荥阳城。久之，汉王患之，请割荥阳以西以和。项王不听。汉王谓陈平曰："天下纷纷，何时定乎？"

形势变得危急起来，楚军把刘邦给围了。刘邦向项羽请和，项羽没答应。刘邦问陈平："天下纷扰，到底什么时候能安定啊？"

> 陈平曰："项王为人，恭敬爱人，士之廉节好礼者多归之。至于行功爵邑，重之，士亦以此不附。今大王慢而少礼，士廉节者不来；然大王能饶人以爵邑，士之顽钝嗜利无耻者亦多归汉。诚各去其两短，袭其两长，天下指麾则定矣。"

陈平的分析很精彩，直接点出项羽和刘邦的不同。项羽，表面上对人恭敬，跟随他的人都"廉节好礼"，但问题是，一到要"割肉"的时候，项羽就不干了。真要让他分蛋糕，他很小气。所以大家觉得跟着他没意思。刘邦不一样。刘邦这个人粗俗、不讲礼貌、一身无赖气，但是对手下的人好。这个好是真好，论秤分金银，封爵封侯，一点儿不含糊。所以那些"顽钝嗜利无耻者"愿意来跟随刘邦。陈平的意思是，只要能把两个人的缺点都去了，把优点都结合起来，那天下很快就能平定了。但这只是一种理想，陈平说的，是一个完美的人，这世上并不存在完美的人。

> "然大王恣侮人，不能得廉节之士。顾楚有可乱者，

彼项王骨鲠之臣亚父、钟离眛、龙且、周殷之属，不过数人耳。大王诚能出捐数万斤金，行反间，间其君臣，以疑其心，项王为人意忌信谗，必内相诛。汉因举兵而攻之，破楚必矣。”汉王以为然，乃出黄金四万斤，与陈平，恣所为，不问其出入。

陈平接着说：“大王你这个素质短期内是提升不了了，所以要想让那些‘廉节之士’到咱们这儿来，比较困难。但我们可以换个思路，把楚搞乱。他们乱了，我们趁机进攻，就可以一举拿下。”项羽那边的能人并不多，无非是一个谋士范增，再加上几个武将。陈平在项羽手下待过，对项羽的为人了解得很清楚。陈平知道，项羽这个人多疑，喜欢猜忌，所以决定用反间计。陈平对刘邦说：“我现在只需要一样东西，钱。”刘邦大手一挥，直接给了陈平四万斤黄金。陈平怎么用这些钱，刘邦一点儿也不过问。这就是用人不疑。刘邦其实算得很清楚，和天下比起来，这点儿金子真算不了什么。

陈平既多以金纵反间于楚军，宣言诸将钟离眛等为项王将，功多矣，然而终不得裂地而王，欲与汉为一，以灭项氏而分王其地。项羽果意不信钟离眛等。

陈平在楚军里花了很多钱。他让这些拿了钱的人到处散布谣言，说钟离眛这些将领有功，但是没能分地称王，于是想投靠刘邦，把项羽给灭了。项羽是一个没什么脑子的人，很快就相信了这些话。

项王既疑之，使使至汉。汉王为太牢具，举进。见楚使，即详惊曰：“吾以为亚父使，乃项王使！”复持去，更以恶草具进楚使。楚使归，具以报项王。项王果大疑亚父。

项羽起了疑心，派使者去汉军那里探听虚实。陈平导演了一出很拙劣的戏剧。刘邦先是让人准备了很丰盛的食物。所谓“太牢具”，就是猪、牛、羊都有的大餐。结果端食物的人一看见项羽的使者，故意装出很吃惊的样子，说：“我还以为是亚父的使者，原来是项王的使者。”于是把刚才的大餐拿走了，换上了很粗劣的食物。拙劣，太拙劣了。这种把戏，骗骗小孩子还可以，成年人稍微动动脑子都知道这是骗人的。但是项羽的使者信了，项羽本人也信了。项羽心里认定，范增一定和刘邦私下里有什么交易。

亚父欲急攻下荥阳城，项王不信，不肯听。亚父闻项王疑之，乃怒曰：“天下事大定矣，君王自为之！原请骸骨归！”归未至彭城，疽发背而死。

范增劝项羽抓紧攻下荥阳城，但项羽已经起了疑心，不肯听范增的话。范增先是生气，而后感到绝望。当初在鸿门宴上，范增劝项羽杀掉刘邦，但是项羽没有，于是后来刘邦成了和项羽争夺天下的人。现在，项羽即将再次错失灭掉刘邦的机会。范增说："你自己看着办吧，我要走了。"他想，这可能就是天意吧。还没走到彭城，范增就因为背上的毒疮发作而离开了人世。范增离开，项羽等于失去了一个智库，他已经离失败不远了。

陈平乃夜出女子二千人荥阳城东门，楚因击之，陈平乃与汉王从城西门夜出去。遂入关，收散兵复东。

为了让刘邦脱身，陈平找了一个和刘邦身高、长相都差不多的人。这个人叫纪信。陈平让纪信带着两千个女子从东门出去和项羽对战，而陈平则和刘邦趁机从荥阳城西门逃出去了。我们大概可以推想那两千个女子的结局。她们并没有在历史上留下自己的名字，我们不知道任何属于她们的信息。她们在历史上唯一的痕迹，就是这么一行字。这是历史残忍的地方。

当然了，我们已经知道楚汉相争的结局。这个从荥阳城西门逃出去、此刻无比狼狈的人，日后卷土重来，战胜了不可一世的项羽。这其中少不了陈平的帮助。但陈平的人生并没有随着楚汉战争的结束而结束。在人生的后半段，他还经历了许多惊心动魄的时刻。

四

司马迁说陈平："凡六出奇计，辄益邑，凡六益封。奇计或颇秘，世莫能闻也。"我们可能会好奇，陈平到底都用了什么计策。但很遗憾，有些事，只能被尘封在历史里，成为永远的秘密。时间的长河一直向前，刘邦也来到了他生命的尽头。

> 高帝从破布军还，病创，徐行至长安。燕王卢绾反，上使樊哙以相国将兵攻之。既行，人有短恶哙者。高帝怒曰："哙见吾病，乃冀我死也。"

刘邦平定了黥布的叛乱之后，已经病得很重了，结果燕王卢绾又反了。我们这个时候可能会特别理解刘邦写的《大风歌》："大风起兮云飞扬，威加海内兮归故乡，安得猛士兮守四方。"他非常希望有人能替他镇守天下。他现在感到无比疲惫。刘邦让樊哙带兵去平叛，结果有人在刘邦跟前说樊哙的坏话。垂垂老矣的刘邦已经无暇分辨真相和谎言了。他愤怒，却又力不从心。按道理，他不应该怀疑樊哙。樊哙当初和他一起起事，而且又和他是连襟，关系很亲密。但是刘邦老了，他感觉所有人都在背叛他。他说："樊哙看见我病成这样，这是盼着我早点儿死啊！"

用陈平谋而召绛侯周勃受诏床下，曰："陈平亟驰传载勃代哙将，平至军中即斩哙头！"

刘邦给陈平和周勃下了命令。刘邦说："你们俩现在就坐着车去樊哙军中。周勃把樊哙的兵权夺了。陈平去了立马把樊哙的头给我砍下来！"

二人既受诏，驰传未至军，行计之曰："樊哙，帝之故人也，功多，且又乃吕后弟吕媭之夫，有亲且贵，帝以忿怒故，欲斩之，则恐后悔。宁囚而致上，上自诛之。"

两个人虽然接受了刘邦的命令，但感到很为难。他俩在路上合计了一下：樊哙和刘邦是老朋友了，立过战功，而且是吕后的妹夫，好几层关系在这儿，说斩就斩了，不合适。刘邦是一时气坏了，糊涂了。如果真照刘邦说的办了，他俩都落不着好。第一，得罪了吕后。第二，万一刘邦后悔了，过错全在他俩身上。思来想去，两个人决定先把樊哙绑起来，让刘邦自己处置。

未至军，为坛，以节召樊哙。哙受诏，即反接载槛车，传诣长安，而令绛侯勃代将，将兵定燕反县。

还没到军中，两人就把樊哙召过来。樊哙一接受了诏令，两个人立马派人把樊哙绑了，关进囚车，送去长安。周勃接替了樊哙，统率大军去平叛。

> 平行闻高帝崩，平恐吕太后及吕媭谗怒，乃驰传先去。逢使者诏平与灌婴屯于荥阳。平受诏，立复驰至宫，哭甚哀，因奏事丧前。

这时候陈平获得了一个消息——刘邦去世了。陈平现在来不及悲伤，他感到很恐慌。他想：坏了，自己要把吕后得罪了。为什么？绑樊哙这个事儿是谁干的？陈平和周勃。是谁让陈平去干的？刘邦。刘邦为什么让陈平去干？因为有小人说了樊哙的坏话。但是现在刘邦死了，所有这一切吕后都不知道，摆在吕后面前的事实是：有人把自己妹夫给绑了，这两个人是陈平和周勃。即便吕后知道这是刘邦的意思，但也一定会以为是陈平和周勃撺掇着刘邦这么干的。于是陈平的大脑飞速地转动了起来。这时候陈平接到诏命，让他和灌婴驻守在荥阳。陈平没有照办。他想如果自己驻守在荥阳，吕后不知道这中间发生了什么，事情就会变得非常被动。于是陈平立马坐上车，飞快地跑到宫里。一进宫，陈平就嚎啕大哭。他要通过他的哭，打动吕后，吕后心一软，很多事就不会计较了。

> 吕太后哀之，曰："君劳，出休矣。"平畏谗之就，因固请得宿卫中。太后乃以为郎中令，曰："傅教孝惠。"是

后吕媭谗乃不得行。樊哙至，则赦复爵邑。

看见陈平哭得像个泪人儿一样，吕后也觉得很难过。吕后说：“你辛苦了，出宫去歇着吧。”但陈平拒绝了。此刻陈平的神经还是紧绷着的。他知道，自己一旦出宫去，很多消息没办法第一时间获取。他怕吕媭在吕后面前怪罪他，于是坚决请求留宿宫中，负责皇宫的警卫工作。于是太后任命陈平为郎中令，让他在宫里辅导惠帝读书。这之后吕媭对陈平的谗毁没能奏效。陈平这一系列操作行云流水，让他最终躲过一劫。

五

孝惠帝六年，相国曹参卒，以安国侯王陵为右丞相，陈平为左丞相。

……

安国侯既为右丞相，二岁，孝惠帝崩。高后欲立诸吕为王，问王陵，王陵曰：“不可。”问陈平，陈平曰：“可。”吕太后怒，乃详迁陵为帝太傅，实不用陵。陵怒，谢疾免，杜门竟不朝请，七年而卒。

刘邦去世以后，惠帝即位，但实际的权力落到了吕后手里。

现在萧何死了，曹参也死了，王陵是右丞相，陈平是左丞相。很快，惠帝也结束了他短暂的一生。于是吕后决定进一步扩大她的势力，她要把吕氏一族的亲戚封王。但这件事不能说办就办，也要参考一下大臣们的意见。当吕后问到王陵的时候，王陵很明确地反对。但当吕后问到陈平的时候，陈平说："没问题。"这是陈平和王陵的区别。王陵耿直、死心眼、不会变通，他坚持的是当初刘邦和天下人的约定：只有刘氏一族可以称王。但问题是，现在权力掌握在吕后手里。她只是象征性地问一下，你同意，她会这么做；你不同意，她也会这么做。陈平为人就圆滑得多。他知道，现在支持吕后，对自己只有好处，没有坏处。当然了，在某种程度上，这也是吕后对大臣们进行的一次服从性测试。很遗憾，王陵没有通过测试。吕后剥夺了王陵的权力。七年后，王陵郁郁而终。

陵之免丞相，吕太后乃徙平为右丞相，以辟阳侯审食其为左丞相。左丞相不治，常给事于中。

食其亦沛人。汉王之败彭城，西，楚取太上皇、吕后为质，食其以舍人侍吕后。其后从破项籍为侯，幸于吕太后。及为相，居中，百官皆因决事。

吕后免了王陵的丞相之后，任命陈平为右丞相，审食其为左丞相。这个审食其的办公室直接设到了宫里，这就表明，他和吕后的关系非常不一般。司马迁在这里补叙了一笔审食其的经历。

他和刘邦是老乡，当初项羽把刘邦他爹和吕后掳走当人质，审食其也被掳去了。审食其和吕后共过患难，因此关系非常好。现在吕后让他当左丞相，也是因为觉得他是自己人。

吕媭常以前陈平为高帝谋执樊哙，数谗曰："陈平为相非治事，日饮醇酒，戏妇女。"陈平闻，日益甚。吕太后闻之，私独喜。面质吕媭于陈平曰："鄙语曰'儿妇人口不可用'，顾君与我何如耳。无畏吕媭之谗也。"

虽然陈平得到了吕后的信任，但吕后的妹妹吕媭心里还一直记恨着他。吕媭经常在吕后跟前说："陈平贵为丞相，每天也不管事，只知道喝酒，玩女人。"吕媭的本意是想扳倒陈平，但这反倒帮了陈平的大忙。每天喝酒、玩女人，恰恰是陈平想让吕后看到的。这是陈平聪明的地方。他这么做，其实是在向吕后表明，自己无意和审食其争权。朝中所有的事，完全可以由审食其和吕后说了算。他在告诉吕后，自己是一个安全的人。吕后听妹妹这么说，心里乐开了花。一个只会喝酒、玩女人的人，是不会构成威胁的。于是吕后把陈平和吕媭叫到自己跟前来，对陈平说："俗话说，小孩儿和女人的话听不得。你不用怕她说你，关键看你对我怎么样。"

吕太后立诸吕为王，陈平伪听之。及吕太后崩，平与太尉勃合谋，卒诛诸吕，立孝文皇帝，陈平本谋也。审食其免相。

但陈平只是在等待。他假意顺从吕后，其实是在等待机会，重新从吕氏手里夺回刘氏的权力。吕后一死，陈平和周勃合力诛灭了吕氏一族，迎立了代王，也就是后来的文帝。

孝文帝立，以为太尉勃亲以兵诛吕氏，功多；陈平欲让勃尊位，乃谢病。孝文帝初立，怪平病，问之。平曰："高祖时勃功不如臣平。及诛诸吕，臣功亦不如勃。愿以右丞相让勃。"于是孝文帝乃以绛侯勃为右丞相，位次第一；平徙为左丞相，位次第二。赐平千金，益封三千户。

……居顷之，绛侯谢病请免相，陈平专为一丞相。

孝文帝二年，丞相陈平卒，谥为献侯。

在文帝时期，陈平先是把右丞相的位置让给了周勃，在周勃辞职后，又成了唯一的丞相。最终他在丞相的位置上结束了他充满传奇色彩的一生。

太史公曰：陈丞相平少时，本好黄帝、老子之术。方其割肉俎上之时，其意固已远矣。倾侧扰攘楚魏之间，卒归高帝。常出奇计，救纷纠之难，振国家之患。及吕后时，事多故矣，然平竟自脱，定宗庙，以荣名终，称贤相，岂不善始善终哉！非知谋孰能当此者乎？

司马迁对陈平的评价相当高。司马迁说，陈平从前给百姓分祭肉的时候，就已经可以看出胸中不凡的志向了。他生于乱世，先是投靠魏王，而后去往项羽那里，最后跟定刘邦，为刘邦出了不少计策。后来又赶上吕后专权，但是能在权力场里游刃有余，保全自身，最终平定诸吕，可以说是非常了不起了。

司马迁给他的评价是：善始，善终。

如果没有智慧，是绝对做不到这一点的。

权力的消长：

《魏其武安侯列传》(一)

一

《史记》里有很多合传，比如《刺客列传》。曹沫、专诸、豫让、聂政、荆轲，职业相同，都是刺客。但他们彼此生活的时代不同，谁也不挨着谁。司马迁用时间这根线，把五个人的人生串了起来。这种写法，是冰糖葫芦式的写法。《魏其武安侯列传》也是合传，但司马迁换了一种写法。他写了窦婴、田蚡、灌夫三个人。这三个人挨得很近，他们的命运纠缠在一起，你中有我，我中有你。司马迁把这三根线织成了一张网，窦婴、田蚡是经，灌夫是纬。在这张网的缝隙里，闪烁着“权力”两个字。

> 魏其侯窦婴者，孝文后从兄子也。父世观津人。喜宾客。孝文时，婴为吴相，病免。孝景初即位，为詹事。

先交代家世。窦婴，是窦太后哥哥的儿子，也就是窦太后的侄子。窦婴能做官，首先依靠的是这个身份。窦太后的这层关系，很重要。司马迁说窦婴“喜宾客”。整篇传记读下来，“宾客”这两个字值得我们留意。

梁孝王者，孝景弟也，其母窦太后爱之。梁孝王朝，因昆弟燕饮。是时上未立太子。酒酣，从容言曰："千秋之后传梁王。"太后欢。窦婴引卮酒进上，曰："天下者，高祖天下，父子相传，此汉之约也，上何以得擅传梁王？"

梁王来朝，景帝请客吃饭。喝着喝着，景帝就喝高了。景帝说："我死以后，干脆皇位就传给梁王好了。"太后高兴了。梁王是太后的小儿子，当妈的总是会偏爱小儿子。整个场面看起来其乐融融，母亲、大哥、弟弟，十分和谐。但是窦婴打破了这个和谐。按理说，窦婴作为太后的侄子，应该是站在太后这边的，但是窦婴没有。窦婴说："从高祖以来，大汉的皇位都是父子相传，皇上怎么能随便传位给梁王？"这话说得义正词严，让人下不来台。场面很尴尬。

太后由此憎窦婴。窦婴亦薄其官，因病免。太后除窦婴门籍，不得入朝请。

之前听到景帝的话，太后的态度是"欢"；现在听到窦婴的话，太后的态度是"憎"。很显然，窦婴把太后得罪了。但窦婴好像并不怕得罪太后。他能当着所有人的面说出那句话，就说明这个人，肠子是直的。得罪都得罪了，这个官干脆也别当了，本来就不是什么大官。于是窦婴称病，辞官，回家。太后把窦婴入朝的通行证也给剥夺了，不想再见到这个人。

孝景三年，吴楚反。上察宗室诸窦毋如窦婴贤，乃召婴。婴入见，固辞谢病不足任。太后亦惭。于是上曰："天下方有急，王孙宁可以让邪？"

景帝三年，发生了吴楚七国之乱。导火索是景帝听了晁错的建议，要削藩。地方诸侯王势力太大，威胁到了中央，削藩，就是要把权力集中到中央。但问题是，你拿着刀过去，人家不可能乖乖伸过脖子来。于是，矛盾激化，叛乱爆发，危机出现。这给窦婴创造了机会。时势造英雄。景帝看了一圈，发现那些王公贵族都是饭桶，没人比得上窦婴，于是把窦婴叫来。窦婴来了，但是说自己有病，没法干活儿。很明显，这是故意的。窦婴心里还有气，还在和景帝、太后闹脾气。如果是小孩子，这么做没什么。但问题是，窦婴是个成年人，而且他面对的是皇上，这么做就不太合适。太后的态度变了，之前是"憎"，现在是"惭"。为国家考虑，太后退了一步。景帝也着急了，对窦婴说："现在是十万火急的时刻，你还推辞什么！"

乃拜婴为大将军，赐金千斤。窦婴乃言袁盎、栾布诸名将贤士在家者进之。所赐金，陈之廊庑下，军吏过，辄令财取为用，金无入家者。

于是，窦婴接受任命，当了大将军。这里写了两个细节。第一，窦婴推荐了很多人才。这和前面的“喜宾客”相呼应，平时窦婴结交的这些能人，关键时候派上了用场。第二，窦婴把皇上赐的金子全都摆在外头走廊里，没让一分钱进自己家。将士要用的，自己看着拿。窦婴有能力吗？有。品质好吗？好。只有一点，不会处理人际关系。他后来败就败在这上头。

> 窦婴守荥阳，监齐赵兵。七国兵已尽破，封婴为魏其侯。诸游士宾客争归魏其侯。孝景时每朝议大事，条侯、魏其侯，诸列侯莫敢与亢礼。

很快，叛乱平定，窦婴被封了侯，一时风光无限。“诸游士宾客争归魏其侯”，一句话，写尽世态人情。你有权力了，周围就全是攀附的人。当时朝中议事，两个人说话的分量最重，一个是条侯周亚夫，一个就是魏其侯窦婴。这是窦婴生命中的巅峰时刻。

二

> 孝景四年，立栗太子，使魏其侯为太子傅。孝景七年，栗太子废，魏其数争不能得。魏其谢病，屏居蓝田南

山之下数月，诸宾客辩士说之，莫能来。

景帝四年，立了栗太子，让窦婴做太子傅，教太子读书。但是景帝七年，栗太子就被废了。作为太子的老师，窦婴是不能允许这件事发生的。他据理力争，但是最后失败了。于是窦婴又闹脾气了。上一次是称病，这一次还是称病。他躲到山里隐居起来，谁说的话也不听。

> 梁人高遂乃说魏其曰："能富贵将军者，上也；能亲将军者，太后也。今将军傅太子，太子废而不能争；争不能得，又弗能死。自引谢病，拥赵女，屏閒处而不朝。相提而论，是自明扬主上之过。有如两宫螫将军，则妻子毋类矣。"魏其侯然之，乃遂起，朝请如故。

人在陷入一种情绪的时候，很难靠自己的力量走出来。窦婴现在就是在和景帝置气。于是有个叫高遂的人来劝窦婴。高遂的话，总结下来其实很简单：你想想，今天你得到这一切，是谁给的？是皇上和太后。窦婴有能力吗？有。但天下有能力的人很多，不是每个人都能封侯拜相。很多有能力的人一辈子都没有施展抱负的机会。被时代埋没的人太多了。窦婴今天能到这个位置，和太后的这层关系很重要。但问题是，皇上和太后可以给你这些，有一天，也可以收回。你现在称病在家，很明显是在告诉天下人，皇上做错了。一旦皇上和太后想要除掉你，那就很危险了。窦婴一听，醒悟过来，病立马好了。

> 桃侯免相，窦太后数言魏其侯。孝景帝曰："太后岂以为臣有爱，不相魏其？魏其者，沾沾自喜耳，多易。难以为相持重。"遂不用，用建陵侯卫绾为丞相。

丞相的位置空出来了，这是一个机会。太后不傻，与其用外人，不如用自己的亲戚。虽然之前窦婴的话让她不满意，但毕竟还是自己的侄子。于是太后和景帝说了好几回。但景帝拒绝了。景帝拒绝窦太后的理由一针见血。可以说，景帝看人，入木三分。景帝对窦婴的评价是"沾沾自喜耳，多易"。"沾沾自喜"，意思是有了功劳，就露在面上。前面司马迁说"诸列侯莫敢与亢礼"。为什么"莫敢与亢礼"？因为窦婴平叛有功，得到封赏，被皇帝重用。但有了功，不知道收敛，就会惹麻烦。厉害的人，会把喜怒都藏在心里。"多易"，就是为人轻率、不稳重。窦婴这个人最大的毛病，就是情绪化——太后生气了，他称病不干了；太子被废了，他又称病不干了。治国不是过家家，说不干就不干了，只会让皇帝为难。皇帝需要的丞相，是一个稳重的人，是一个能受得了委屈的人，是一个能把肩上的担子扛到底的人。所以想来想去，景帝还是放弃了让窦婴当丞相的想法。

三

武安侯田蚡者，孝景后同母弟也，生长陵。魏其已为大将军后，方盛，蚡为诸郎，未贵，往来侍酒魏其，跪起如子姓。

窦婴暂且按下不表。田蚡出场。田蚡也是外戚，是王皇后的弟弟。当时窦婴已经是大将军了，很有权势。田蚡呢，还一个普通的郎官，没什么地位。但是田蚡这个人懂钻营，能屈。能屈，将来就有伸的可能。司马迁下笔狠，他说田蚡经常往窦婴家跑，“跪起如子姓”，像子侄辈一样侍奉窦婴。这话仔细一琢磨，全是不屑。

及孝景晚节，蚡益贵幸，为太中大夫。蚡辩有口，学槃盂诸书，王太后贤之。孝景崩，即日太子立，称制，所镇抚多有田蚡宾客计策。蚡弟田胜，皆以太后弟，孝景后三年封蚡为武安侯，胜为周阳侯。

景帝晚年，田蚡受到宠幸，地位一步步升高。田蚡也确实有点本事：第一，口才好，能说会道；第二，喜欢读书，懂点儿古代的文献；第三，爱才，家里养了不少门客。景帝一去世，机会就来了。老皇帝驾崩、新皇帝继位的时候，最容易发生宫廷政变。继承皇位的是武帝，武帝的妈就是王皇后。武帝还小，权力自然落在王皇后手里。所谓“称制”，就是太后代天子行使权力。刘邦死后，当时就是吕后称制。从前的王皇后，现在的王太后称制，肯定有很多股势力不服，想闹事。这时候田蚡就有了立功的机会。司马迁说“所镇抚多有田蚡宾客计策”，平时田蚡养的那些门客也都派上了用场。很快，田蚡就进入了权力场的中心。

> 武安侯新欲用事为相，卑下宾客，进名士家居者贵之，欲以倾魏其诸将相。

此时的田蚡并不满足，他想离权力的宝座更近一步，他想成为大汉的丞相。于是趁着武帝刚即位、王太后称制的这个机会，他开始对朝廷的官员重新洗牌。他推荐了很多之前在家闲居的名士出来做官，开始组建一支属于自己的队伍。他要和窦婴在这场权力的游戏中争个高下。

> 建元元年，丞相绾病免，上议置丞相、太尉。籍福说武安侯曰：“魏其贵久矣，天下士素归之。今将军初兴，未如魏其，即上以将军为丞相，必让魏其。魏其为丞相，将军必为太尉。太尉、丞相尊等耳，又有让贤名。”武安

侯乃微言太后风上，于是乃以魏其侯为丞相，武安侯为太尉。

卫绾因病被免除相位，丞相的位置空出来了。田蚡当然蠢蠢欲动，但籍福劝住了田蚡。籍福说："还不是时候。窦婴已经显贵很久了，天底下的士人一大半都归附了他。你现在才刚出头，和窦婴比，还差一些。即便皇上让你当了丞相，你也一定要让。窦婴当了丞相，太尉肯定落到你头上。太尉和丞相地位相当，你又有让贤的好名声，何乐而不为？"田蚡听了。田蚡让太后找机会把这个意思传达给武帝。于是，窦婴当了丞相，田蚡当了太尉。这一步棋是很高明的。在实力不足的时候勉强为之，根基不稳，很容易出问题。现在看起来是往后退了一步，其实是在积蓄力量，等待机会。

籍福贺魏其侯，因吊曰："君侯资性喜善疾恶，方今善人誉君侯，故至丞相；然君侯且疾恶，恶人众，亦且毁君侯。君侯能兼容，则幸久；不能，今以毁去矣。"魏其不听。

窦婴当了丞相，籍福去祝贺。祝贺之余，不忘提醒。提醒什么？提醒窦婴留心小人。这世上不是人人都是君子。籍福点出窦婴的性格特点：喜善疾恶。这是对窦婴的赞美。但这种性格也会给窦婴带来危险。籍福说："现在好人都称赞你，所以你到了丞相这个位置上。你讨厌那些小人，站在小人的对立面上。但万一有一天，小人变得多了，形成一股很大的势力，你的位置就危险了。"籍福的建议是：兼容，能容得下君子，也能容得下小人。树敌太多，不是什么好事。窦婴当然听不进去这样的话。在窦婴眼里，黑就是黑，白就是白。将来窦婴失势乃至身亡，在这时候已经埋下了伏笔。明枪易躲，暗箭难防。世上的暗箭，总是防不胜防。

四

> 魏其、武安俱好儒术，推毂赵绾为御史大夫，王臧为郎中令。迎鲁申公，欲设明堂，令列侯就国，除关，以礼为服制，以兴太平。举適诸窦宗室毋节行者，除其属籍。时诸外家为列侯，列侯多尚公主，皆不欲就国，以故毁日至窦太后。太后好黄老之言，而魏其、武安、赵绾、王臧等务隆推儒术，贬道家言，是以窦太后滋不说魏其等。

窦婴、田蚡都推崇儒家的学说，他们搞了一大堆措施来践行儒家学说。但问题是，窦太后是一个坚定不移的道家学说支持者。这就产生矛盾了。窦太后不太待见窦婴他们这些人。

及建元二年，御史大夫赵绾请无奏事东宫。窦太后大怒，乃罢逐赵绾、王臧等，而免丞相、太尉，以柏至侯许昌为丞相，武强侯庄青翟为御史大夫。魏其、武安由此以侯家居。

矛盾积累到一定程度，就引发了激烈的冲突。冲突的导火索是御史大夫赵绾上奏，请求以后有什么事不需要向东宫也就是窦太后汇报了。窦太后的反应是“大怒”。这等于明着把权力从窦太后手里夺走，窦太后当然不能允许这种事情发生。于是窦婴、田蚡、赵绾、王臧这些人统统被罢免。由此也可见窦太后以及窦氏外戚力量的强大，至少目前王太后和武帝还没有力量能和窦太后抗衡。

武安侯虽不任职，以王太后故，亲幸，数言事多效，天下吏士趋势利者，皆去魏其归武安。武安日益横。

同样是被免职回家，窦婴和田蚡的遭遇却不一样。窦婴完全失去了权势，但是田蚡还没有，因为毕竟王太后是他姐姐。前面司马迁说“王太后贤之”“皆以太后弟”，这里说“以王太后故，亲幸”，反复在提醒我们，田蚡有今天的地位，只是因为他是太后的弟弟，和他本人的才能、品行关系不大。窦婴和他完全是两种人。窦婴虽然有窦太后这一层关系，但他本人的能力、品行，都比田蚡要出色得多。但现在，两个人的地位发生了转变。于是，“天下吏士趋势利者，皆去魏其归武安”。这就是人情冷暖，这就是世态炎凉，这就是人性。人，都是趋利的动物。窦婴和田蚡，说到底只是两个符号。这些士人们追随的，是权力，权力倒向哪一边，他们就会去往哪一边。

建元六年，窦太后崩，丞相昌、御史大夫青翟坐丧事不办，免。以武安侯蚡为丞相，以大司农韩安国为御史大夫。天下士郡诸侯愈益附武安。

窦太后去世了。窦太后一死，权力自然又回到了田蚡手里，田蚡终于如愿以偿地当上了丞相。窦太后的死彻底断绝了窦婴的上升之路。至此，田蚡和窦婴的角色发生了互换。从前那个“跪起如子姓”的田蚡，现在爬到了窦婴的头上。

五

武安者，貌侵，生贵甚。又以为诸侯王多长，上初即位，富于春秋，蚡以肺腑为京师相，非痛折节以礼诎之，天下不肃。

司马迁说田蚡“貌侵”，也就是相貌丑陋。虽然这是一句很客观的描述，但读起来总觉得司马迁在讥讽田蚡。司马迁把田蚡的心理写得很生动。田蚡觉得自己是靠着和武帝的关系才当上丞相的，朝中肯定有很多人不服。他决定用一些强硬的手段敲打敲打这些人。

当是时，丞相入奏事，坐语移日，所言皆听。荐人或起家至二千石，权移主上。上乃曰：“君除吏已尽未？吾亦欲除吏。”

田蚡每次入宫奏事，一说就是很长时间。“移日”，就是说日影的位置都变了。但重点不是他说得时间长，而是“所言皆听”。他在朝廷里到处安排自己的人，甚至可以直接把一个普通人提升到年俸两千石的级别。这非常过分，过分到武帝都难以忍受了。武帝对田蚡说：“你要安排的人安排完了吗？我还想用几个人呢！”这话听起来很生气，但是生气后头又有点儿委屈和无奈。作为皇上，应该是说一不二的，但现在权力却掌握在自己的舅舅手里。

尝请考工地益宅，上怒曰：“君何不遂取武库！”是后乃退。

田蚡还做过一件很过分的事，有一次他请求把考工衙门的地划给自己，建自己的宅子。武帝大怒，说：“你怎么不干脆连武器库都拿走呢！”于是田蚡稍微收敛了一点。

尝召客饮，坐其兄盖侯南乡，自坐东乡，以为汉相尊，不可以兄故私桡。

田蚡请客，让他哥哥坐在朝南的位置，自己坐在朝东的位置。这是很不礼貌的安排。我们在《项羽本纪》里讲过座次的安排，朝东，是最尊贵的。请客吃饭，一般让客人朝东。但是田蚡不，他自高自大，觉得自己是大汉的丞相，是不可以屈尊的，即便对方是自己的哥哥也不行。

武安由此滋骄，治宅甲诸第。田园极膏腴，而市买郡县器物相属于道。前堂罗钟鼓，立曲旃；后房妇女以百数。诸侯奉金玉狗马玩好，不可胜数。

已经没有人能阻挡田蚡的膨胀了。他住最好的房子，吃最好的食物，玩的东西数不胜数。用八个字来形容，就是：鲜花着锦，烈火烹油。除了皇上，他已经是大汉最有权势的人了，甚至皇帝享受的，都不如田蚡。司马迁这一段写得很热，似乎每一个字都冒着热气。但接下来的一笔，司马迁写得寒凉透骨。

魏其失窦太后，益疏不用，无势，诸客稍稍自引而怠傲，唯灌将军独不失故。魏其日默默不得志，而独厚遇灌将军。

我们都快忘了，这世上还有一个叫窦婴的人。他曾经也是一人之下万人之上的人物，但自从窦太后去世，他的地位就一落千丈。从前面写田蚡的文字读到这一段写窦婴的文字，仿佛从烈日下走到了雪地里。那些趋炎附势的门客一个一个都离开了，现在窦婴家里，门庭冷落。此时的窦婴，孤家寡人，默默不得志。在他人生极其失意的时刻，有一个人始终没有离开。这个人，叫灌夫。

六

写窦婴、田蚡，司马迁写的是冷和热，写的是权力的消长。没有灌夫的出现，两个人各过各的，不怎么挨着。但灌夫来了。灌夫像是一把锁，把两个人牢牢地锁在了一起。

灌将军夫者，颍阴人也。夫父张孟，尝为颍阴侯婴舍人，得幸，因进之至二千石，故蒙灌氏姓为灌孟。

交代灌夫家世。灌夫的父亲叫张孟，出身并不高贵，是灌婴家里的门客，后来受到灌婴重用，灌婴推荐他当了官，于是张孟从此改姓灌。

吴楚反时，颍阴侯灌何为将军，属太尉，请灌孟为校尉。夫以千人与父俱。灌孟年老，颍阴侯强请之，郁郁不得意，故战常陷坚，遂死吴军中。

灌何是灌婴的儿子。吴楚七国之乱爆发，周亚夫当时是太尉，率兵平叛，灌何在周亚夫的手下。周亚夫觉得灌孟年纪大了，不想用。但是灌何“强请之”，坚决要求灌孟加入军队。所以灌孟“郁郁不得意”，觉得人家看不上自己。灌孟为了证明自己还能战斗，“常陷坚”，总是奋不顾身去那些最危险的地方作战，结果战死在吴军手里。

军法，父子俱从军，有死事，得以丧归，灌夫不肯随丧归，奋曰：“愿取吴王若将军头，以报父之仇。”

按规定，父子都在军中，一旦其中一个死了，剩下的那个人可以回家办丧事。现在灌孟死了，灌夫作为儿子，可以离开了，但是灌夫拒绝了。灌夫很激动，他说：“要么去砍了吴王的头，要么去砍了对方将军的头。总之，父亲的仇，得报！”

于是灌夫被甲持戟，募军中壮士所善愿从者数十人。及出壁门，莫敢前。独二人及从奴十数骑驰入吴军，至吴将麾下，所杀伤数十人。不得前，复驰还，走入汉壁，皆亡其奴，独与一骑归。

灌夫找了几十个愿意跟着自己去报仇的人。结果等到要出军营了，这些人又退缩了。这里用这几十个人的“莫敢前”，衬托出灌夫的万夫不当之勇。之前是“数十人”，现在只剩下两个人，还有十几个家奴。灌夫带着十几个人就这么冲过去了，直插到对方将军的帐下，杀了几十个人。再往前，对方人太多，过不去了，于是只能回来。和灌夫一块儿回来的，只有一个人。

夫身中大创十馀，适有万金良药，故得无死。夫创少瘳，又复请将军曰：“吾益知吴壁中曲折，请复往。”将军壮义之，恐亡夫，乃言太尉，太尉乃固止之。吴已破，灌夫以此名闻天下。

颍阴侯言之上，上以夫为中郎将。

灌夫身上受了十几处大伤，幸好有万金良药，命才保住了。结果刚恢复一点儿，灌夫又要去吴军杀敌。灌何怕丢了这一员猛将，就向周亚夫请示，周亚夫出面阻止了灌夫。吴军被平定之后，灌夫名闻天下。司马迁写灌夫成名，凸显的是一个“勇”。灌夫成，是因为勇，败，也是因为勇。勇，就是不怕死。对打仗来说，不怕死是好事，但其他时候，就未必了。

七

数月，坐法去。后家居长安，长安中诸公莫弗称之。孝景时，至代相。孝景崩，今上初即位，以为淮阳天下交，劲兵处，故徙夫为淮阳太守。建元元年，入为太仆。

这里写到不同人对灌夫的评价。一个来自长安城中的权贵，“长安中诸公莫弗称之”，大家都很认可灌夫；另外一个来自武帝，武帝让灌夫任淮阳太守，因为淮阳是交通枢纽，四通八达，需要有劲兵把守。在武帝看来，灌夫是值得信任的。

二年，夫与长乐卫尉窦甫饮，轻重不得，夫醉，搏甫。甫，窦太后昆弟也。上恐太后诛夫，徙为燕相。数月，坐法去官，家居长安。

灌夫喜欢喝酒。有一次灌夫和窦甫喝酒，一边喝一边聊，结果因为一点事意见不同，恼了。窦甫是窦太后的弟弟，但是灌夫不管。酒已经上头了，灌夫完全失去了理智，上来三拳两脚把窦甫给揍了一顿。灌夫是张飞，是李逵，是那种一喝起酒来就要闹事的人。他后面闯的祸，在这里已经埋下伏笔。现在他得罪的是窦太后的弟弟，还只是个长乐卫尉；之后得罪的是王太后的弟弟，是丞相。武帝为了保护灌夫，怕太后诛杀他，就把灌夫调到燕国去了。过了几个月，因为犯法，灌夫的官被免了。他前面已经有过一次“坐法去官”了，这是第二回。

灌夫为人刚直使酒，不好面谀。贵戚诸有势在己之右，不欲加礼，必陵之；诸士在己之左，愈贫贱，尤益敬，与钧。稠人广众，荐宠下辈。士亦以此多之。

夫不喜文学，好任侠，已然诺。

这一段，是写灌夫的好。他刚直，爱喝酒，没有花花肠子；他不会阿谀奉承，不喜欢权贵，而且经常得罪权贵；他喜欢和贫贱之人结交；他不读书，没学问，是个大老粗；他喜欢打抱不平，说出去的话从来都算数。

诸所与交通，无非豪杰大猾。家累数千万，食客日数十百人。陂池田园，宗族宾客为权利，横于颍川。颍川儿乃歌之曰：“颍水清，灌氏宁；颍水浊，灌氏族。”

这一段，是写灌夫的不好。灌夫结交的，都是地方豪绅。他家积累了不少财富，门客众多，田园广大。但是他们家的亲戚、门客也仗着灌夫的势力在当地横行霸道。这让当地的百姓很不满，于是就有人编了一首儿歌：“颍水清，灌氏宁；颍水浊，灌氏族。”颍水清澈的时候，灌氏一族可以安然无事；但颍水不会长清，等到哪一天颍水浑浊了，灌氏一族就会灭亡。这首儿歌像是一则预言，暗示了灌夫一家日后的遭遇。

司马迁写人，从来都是写真实的人、立体的人、丰富的人。你很难用好坏去评价司马迁笔下的人，就像我们没法把现实中的人都分成好人坏人一样。以上两段写灌夫，一段优点，一段缺点，优点缺点都很分明。人物的性格里，隐藏着人物的命运。

> 灌夫家居虽富，然失势，卿相侍中宾客益衰。及魏其侯失势，亦欲倚灌夫引绳批根生平慕之后弃之者。灌夫亦倚魏其而通列侯宗室为名高。两人相为引重，其游如父子然，相得欢甚，无厌，恨相知晚也。

到这里，灌夫和窦婴，两条线索汇合。灌夫虽然有钱，但是没权，从前在他面前巴结讨好的门客慢慢都走了。此刻的窦婴面对的也是相同的境遇。窦婴恨啊。他恨这些趋炎附势的小人。鲁迅先生说：“有谁从小康人家而坠入困顿的么，我以为在这途路中，大概可以看见世人的真面目。”（《呐喊·自序》）人从低处升高，再从高处坠落，就可以懂得“人情冷暖，世态炎凉”这八个字了。窦婴忍受不了失势后的落寞。于是当灌夫出现的时候，他获得了一些安慰。他想依靠灌夫的力量去打击那些改换门庭的小人。灌夫当然愿意和窦婴交往。在他看来，窦婴是外戚，曾经的丞相，他可以通过窦婴和很多上层人物结交，以此提高自己的名声。两个人“游如父子然”，“相得欢甚”，“恨相知晚也”，都觉得对方是自己的知己。可是，危险正在悄悄降临。

窦婴、灌夫、田蚡，这三个人日后又会经历什么样的命运？

我们下回再说。

命运之网：

《魏其武安侯列传》（二）

窦婴，田蚡，灌夫，三条不同的人生轨迹即将纠缠在一起。

一

灌夫有服，过丞相。丞相从容曰："吾欲与仲孺过魏其侯，会仲孺有服。"灌夫曰："将军乃肯幸临况魏其侯，夫安敢以服为解！请语魏其侯帐具，将军旦日蚤临。"武安许诺。

灌夫家里有人去世了，灌夫正在服丧。这一天，灌夫去拜访田蚡。田蚡和灌夫闲聊，说："本来想和你一块去看看窦婴，正好又碰上你在服丧。"田蚡可能就是随口一说，但灌夫认真了，说："将军您竟然肯屈尊前往窦婴那里，我怎么能因为在服丧就推辞呢。我去告诉窦婴一声，让他准备准备，明天您一定要早点来啊。"田蚡没办法，答应了。

灌夫具语魏其侯如所谓武安侯。魏其与其夫人益市牛酒，夜洒埽，早帐具至旦。

灌夫把田蚡的话和窦婴说了，窦婴惶恐不安。读到这一段，会觉得很心酸。从前一人之下万人之上的人物，现在落魄了，要看别人的脸色。从前田蚡在窦婴面前“跪起如子姓”，现在窦婴听说田蚡要来，赶紧叫人去买酒买肉，大晚上的开始打扫家，一直准备到天亮。

> 平明，令门下候伺。至日中，丞相不来。魏其谓灌夫曰：“丞相岂忘之哉？”灌夫不怿，曰：“夫以服请，宜往。”乃驾，自往迎丞相。

第二天一早，天刚亮，窦婴就让人在门口等着。结果一直到中午，田蚡还没来。窦婴问灌夫：“丞相是不是忘了这回事了？”灌夫不高兴了，说：“我还服丧呢，我都来了。我去看看怎么回事。”于是灌夫自己驾着车就去田蚡家了。

> 丞相特前戏许灌夫，殊无意往。及夫至门，丞相尚卧。于是夫入见，曰：“将军昨日幸许过魏其，魏其夫妻治具，自旦至今，未敢尝食。”武安鄂谢曰：“吾昨日醉，忽忘与仲孺言。”

田蚡是和灌夫开玩笑的，他压根儿没想着要去窦婴家。灌夫到田蚡家的时候，田蚡还躺在床上没起。灌夫一看田蚡还没起，心里的火“噌”一下就上来了。灌夫说:“昨天你答应得好好的。人家窦婴两口子因为你要去,昨天晚上就开始准备了。从早上到现在,人家一口饭没吃,就是为了等你!”田蚡听灌夫这么说,也觉得挺不好意思的,于是道歉,说:“我昨天喝酒喝多了,忘了答应你的事了。”小人的一大特点,就是可以随时编造谎言。要是放在从前,田蚡无权无势,窦婴请他吃饭,他肯定天不亮就去了。但现在,地位变了,说过的话也可以不算了。

乃驾往,又徐行,灌夫愈益怒。及饮酒酣,夫起舞属丞相,丞相不起,夫从坐上语侵之。魏其乃扶灌夫去,谢丞相。丞相卒饮至夜,极欢而去。

两个人驾车去窦婴家,结果田蚡走得很慢,这又让暴脾气的灌夫大为不满。灌夫的怒气在一点点累积。等到了窦婴家,大家酒喝得差不多了,灌夫起来跳舞。灌夫跳完请田蚡接着跳,田蚡没理他。这下灌夫更生气了,他开始对田蚡进行语言攻击。窦婴赶紧把灌夫拉走了,并替他向田蚡道歉。他们一直喝到晚上才散。司马迁用了四个字,“极欢而去”。司马迁的意思是,田蚡这一天喝得很尽兴,高高兴兴地回家了。可能吗?不可能。田蚡有一肚子气,但是田蚡忍了。这就是小人的另一大特点,明明心里恨死你了,但还是会对你笑,只等有一天找到机会报复你。危险的种子在这时候已经埋下了,窦婴和灌夫还丝毫没有察觉。

丞相尝使籍福请魏其城南田，魏其大望曰："老仆虽弃，将军虽贵，宁可以势夺乎?"不许。灌夫闻，怒，骂籍福。籍福恶两人有郄，乃谩自好谢丞相曰："魏其老且死，易忍，且待之。"

田蚡看上了窦婴在城南的一块地，于是让籍福去要。窦婴生气了，他觉得这有点儿欺负人了。窦婴说："我现在虽然没势力了，你也不能强抢啊!"于是就没答应。其实也不只是一块地的事，窦婴是觉得咽不下这口气。灌夫听说了，跑去大骂籍福。这是灌夫能干出来的事。只要有一点儿情绪，他立马就要发作，完全不顾后果，也不管得罪的是谁。要是得罪的是权贵，他反而更高兴。但是这无形之中给自己树了很多敌人。问题是他自己树敌倒没什么，他把窦婴也搅和进去了。籍福这个人比较厚道，他在窦婴和田蚡之间和稀泥。他唯恐两个人有矛盾，那样对两个人都不好。籍福对田蚡说："再等等吧。窦婴这么大岁数了，没几天可活的了，等他死了，地迟早是你的。"

已而武安闻魏其、灌夫实怒不予田，亦怒曰："魏其子尝杀人，蚡活之。蚡事魏其无所不可，何爱数顷田？且灌夫何与也？吾不敢复求田。"武安由此大怨灌夫、魏其。

过了一阵，到底还是让田蚡知道了实情。田蚡也生气啊。田蚡说："窦婴的儿子当初杀了人，还是我救下来的。"这说明田蚡和窦婴两个人之间原本没有什么矛盾，而且田蚡还帮过窦婴。一块地而已，和儿子的命比起来，算不了什么。窦婴也是一时糊涂，一块地能卖田蚡个人情，何乐而不为？最让田蚡生气和不解的是，这里边有灌夫什么事？上次喝酒，田蚡还只是对灌夫不满。这次要地，田蚡把灌夫和窦婴一块儿恨上了。说到底，还是怪灌夫。没有灌夫激化矛盾，窦婴和田蚡的关系不至于破裂。

元光四年春，丞相言灌夫家在颍川，横甚，民苦之。请案。上曰："此丞相事，何请。"灌夫亦持丞相阴事，为奸利，受淮南王金与语言。宾客居间，遂止，俱解。

于是田蚡展开了对灌夫的打击报复。田蚡向武帝上奏，说灌夫家在颍川横行霸道，胡作非为，搞得当地百姓苦不堪言。这和之前说的"宗族宾客为权利，横于颍川"相呼应。但是灌夫也有田蚡的把柄，而且是要命的把柄。这里说"受淮南王金与语言"，后面会揭晓田蚡和淮南王到底说了什么话。双方门客居中调停，两个人才罢休。前面灌夫请田蚡去窦婴家做客，这里田蚡准备扳倒灌夫，本来都是可能产生大的冲突的，但冲突都没有爆发。现在矛盾在暗中一点点累积，炸弹很快就要被彻底引爆了。

二

> 夏，丞相取燕王女为夫人，有太后诏，召列侯宗室皆往贺。魏其侯过灌夫，欲与俱。夫谢曰："夫数以酒失得过丞相，丞相今者又与夫有郄。"魏其曰："事已解。"强与俱。

田蚡娶亲，大摆宴席，朝中这些宗亲权贵们都去祝贺。窦婴要拉着灌夫一块去。窦婴的目的很简单，你不去，就是明摆着不给田蚡面子；去了，主动向田蚡示好，这个矛盾就解开了。但是灌夫不愿意去。灌夫说："以前我因为喝酒得罪过丞相，况且现在丞相又和我有仇。"窦婴说："事情都过去了。"于是硬拉上灌夫去参加田蚡的婚宴。

> 饮酒酣，武安起为寿，坐皆避席伏。已魏其侯为寿，独故人避席耳，馀半膝席。灌夫不悦，起行酒，至武安，武安膝席曰："不能满觞。"夫怒，因嘻笑曰："将军贵人也，属之！"时武安不肯。

大家喝得酒酣耳热，田蚡端着酒杯挨个敬酒。田蚡敬酒，所有人恭恭敬敬，一个个都离开座位，伏在地上。等到窦婴起来敬酒，大家就没那么客气了，除了从前和窦婴关系好的几个朋友，其他人就是欠欠身，意思意思。灌夫恼了。灌夫这个人确实有意思，每次他生气，都是为窦婴感到不平。田蚡不去窦婴家吃饭，灌夫生气；田蚡抢窦婴的地，灌夫生气。但问题是，每次灌夫一生气，只会给窦婴惹来更大的麻烦。灌夫觉得这帮人也太势利眼了，于是起来挨个敬酒。他走到田蚡跟前，田蚡说："喝不动啦，不能倒满了。"灌夫虽然生气，但面上还是笑嘻嘻的，强拉着田蚡，让他把杯子倒满。田蚡不肯。

行酒次至临汝侯，临汝侯方与程不识耳语，又不避席。夫无所发怒，乃骂临汝侯曰："生平毁程不识不直一钱，今日长者为寿，乃效女儿呫嗫耳语！"武安谓灌夫曰："程李俱东西宫卫尉，今众辱程将军，仲孺独不为李将军地乎？"灌夫曰："今日斩头陷匈，何知程李乎！"

灌夫走到临汝侯跟前，给他敬酒——临汝侯是灌婴的孙子灌贤——灌贤正和程不识贴着耳朵说话，也不起来离开座位。灌夫刚才憋了一肚子火无处发作，现在正好让灌贤撞在枪口上了。灌夫破口大骂："你平时把程不识说得一文钱不值，现在老子来给你敬酒，你却像个小姑娘一样贴着人家耳朵说话！"在人家的婚宴上这么闹，很过分。但田蚡还是给了灌夫一个台阶下。田蚡说："程将军和李广李将军是同僚，你今天当众羞辱程将军，就不给李将军留点面子吗?”田蚡把李广抬出来，从侧面也证明，李广在当时的人心里很有威信。但是灌夫既没给李广面子，也没给田蚡面子，酒再一次让灌夫失去了理智。灌夫说:“我不知道什么程将军、李将军，我今天就是豁出这条命去了!”

坐乃起更衣，稍稍去。魏其侯去，麾灌夫出。武安遂怒曰:“此吾骄灌夫罪。”乃令骑留灌夫。灌夫欲出不得。籍福起为谢，案灌夫项令谢。夫愈怒，不肯谢。

现场气氛很紧张，大家都嗅到了危险的气息。于是在场的人一个个推说出去上厕所，趁机都离开了。窦婴也知道事情糟了，他挥手招呼灌夫出去。但是田蚡现在很生气，他说:“这都是我平时对灌夫容忍太过，所以他今天才这么放肆!”田蚡让人把灌夫扣下了。籍福是厚道的，他知道现在唯一能让田蚡消气的办法就是灌夫主动认错。如果灌夫还不认错，有可能连命都丢了。于是籍福起来替灌夫向田蚡赔礼，然后按着灌夫的脖子让他道歉。但此时的灌夫就像一匹烈马，你越按着他的脖子，他越不听你的。

武安乃麾骑缚夫置传舍，召长史曰:“今日召宗室，有诏。”劾灌夫骂坐不敬，系居室。遂按其前事，遣吏分曹逐捕诸灌氏支属，皆得弃市罪。

田蚡于是让手下的人把灌夫绑起来，又把长史叫来，说："今天宴请宾客，把大家都叫来，是有太后的诏命的。"田蚡狠，他要借着这件事把灌夫置于死地。原本只是田蚡和灌夫的私人恩怨——在人家婚宴上喝醉了，耍酒疯，说破天，也不是什么大罪——但是田蚡把这件事上升到了大不敬的高度，认为灌夫耍酒疯，不是冲着他田蚡，而是冲着太后。这样一来，灌夫必死无疑。借这个由头，田蚡又安排人去查灌夫之前犯下的那些事儿。一查一个准。于是田蚡派人分头抓捕灌氏一族，一个不留。所有人都被判了斩首。

三

> 魏其侯大愧，为资使宾客请，莫能解。武安吏皆为耳目，诸灌氏皆亡匿，夫系，遂不得告言武安阴事。

灌夫被抓，窦婴觉得都是因为自己。如果自己不强拉着灌夫参加田蚡的婚宴，就不会有后来灌夫喝醉酒耍酒疯的事。窦婴还是把事情想简单了。灌夫和田蚡的恩怨，永远解不开。没有这一件事，也会有别的导火索。在田蚡心里，已经认定了，这个人将来得死。窦婴觉得都是自己的错，于是到处活动，花钱求人，找人去说情，但是都没用。灌氏一族到处逃亡。此时的灌夫被关在监狱里，他手里攥着田蚡的把柄，他知道只要把这件事捅出去，田蚡必死无疑。但是周围全都布满了田蚡的耳目，灌夫根本没有上书言事的机会。灌夫像是被关进了一只密不透风的铁桶里，只能等待着最终的审判。

魏其锐身为救灌夫。夫人谏魏其曰："灌将军得罪丞相，与太后家忤，宁可救邪？"魏其侯曰："侯自我得之，自我捐之，无所恨。且终不令灌仲孺独死，婴独生。"乃匿其家，窃出上书。

窦婴为救灌夫，奋不顾身。虽然这两个人的情谊让我们很感动，但是此时的窦婴确实糊涂。他还是没看清局势，这个结是不可解的。窦婴的老婆看得比他清楚，他老婆说："灌夫得罪的是丞相，丞相背后是太后。和丞相、太后作对，还有的救吗？"但是窦婴现在管不了这么多了，他说："就算这个侯爵没了，也得救灌夫出来。总不能让他一个人死！"于是窦婴瞒着家人，偷偷给武帝上书。

立召入，具言灌夫醉饱事，不足诛。上然之，赐魏其食，曰："东朝廷辩之。"

武帝召见了窦婴，窦婴把事情前前后后向武帝说明了。窦婴主要想改变这件事的性质，把它从一个大不敬的事件，还原成一次单纯的醉酒闹事。武帝觉得窦婴说得有道理。其实武帝在乎的，也不是这件事本身，他要通过这件事，弹压一下田蚡。武帝让窦婴到东宫去当众辩论一下。

> 魏其之东朝，盛推灌夫之善，言其醉饱得过，乃丞相以他事诬罪之。武安又盛毁灌夫所为横恣，罪逆不道。魏其度不可奈何，因言丞相短。武安曰："天下幸而安乐无事，蚡得为肺腑，所好音乐狗马田宅。蚡所爱倡优巧匠之属，不如魏其、灌夫日夜招聚天下豪桀壮士与论议，腹诽而心谤，不仰视天而俯画地，辟倪两宫间，幸天下有变，而欲有大功。臣乃不知魏其等所为。"

窦婴辩论的重点是论证灌夫很好，只是因为酒喝多了，得罪了人，田蚡完全是拿别的事来诬告。但是田蚡抓住灌夫做的那些违法的事情不放。窦婴实在没办法了，矛头一转，开始攻击田蚡本人。田蚡厉害啊，用了一招以退为进。田蚡说："没错，我是奢靡，我是贪图享乐。我们家房子确实大，养的戏子也不少。这都是我的错。"这些是错吗？是错。但这些不是罪。田蚡避重就轻，净捡无关紧要的说。紧接着田蚡话锋一转，说："窦婴、灌夫就不一样了，他们每天召集豪杰壮士谋划大事，时刻关注着太后和皇上，盼着天下生变，他们好趁机起事。"这个罪名大了，这是在诬陷窦婴和灌夫谋反，一旦坐实，两个人都是死罪。

> 于是上问朝臣："两人孰是？"御史大夫韩安国曰："魏其言灌夫父死事，身荷戟驰入不测之吴军，身被数十创，名冠三军，此天下壮士，非有大恶，争杯酒，不足引他过以诛也。魏其言是也。丞相亦言灌夫通奸猾，侵细民，家累巨万，横恣颍川，凌轹宗室，侵犯骨肉，此所谓'枝大于本，胫大于股，不折必披'，丞相言亦是。唯明主裁之。"

武帝让大臣们判断，两个人谁说的对。御史大夫韩安国发言了，他说："两个人说得都对。"你以为他在和稀泥，其实不是。韩安国的话看起来风平浪静，其实暗藏杀机。韩安国赞成窦婴说的，灌夫确实勇猛，是个壮士，在宴席上不过是喝醉了，不算什么大错。韩安国也赞成田蚡说的，灌氏一族在颍川横行霸道，欺压百姓。仔细一琢磨，很显然，韩安国是站在田蚡这边的。在田蚡还是太尉的时候，韩安国就给田蚡送过礼。《韩长孺列传》记载："建元中，武安侯田蚡为汉太尉，亲贵用事，安国以五百金物遗蚡。"于是当时田蚡立马把韩安国推荐给了太后。很显然，这两个人是一个利益共同体。

> 主爵都尉汲黯是魏其。内史郑当时是魏其，后不敢坚

对。馀皆莫敢对。上怒内史曰："公平生数言魏其、武安长短，今日廷论，局趣效辕下驹，吾并斩若属矣。"

汲黯是支持窦婴的。郑当时本来是支持窦婴的，但后来又犹犹豫豫，不敢坚持自己的意见了。其他那些大臣压根儿就不敢说话。武帝生气了。武帝的火是对着郑当时发的，也是对着在场所有大臣发的，但从根儿上说，是对着田蚡发的。武帝之所以生气，是因为这场辩论没有达到他预想的效果。他之所以选择在东宫辩论，让所有人发表意见，是希望借着众人的手打压田蚡。武帝本人当然是支持窦婴的，但这个话不能由他自己说，由他自己说了，太后肯定会干预。太后一插手，武帝就很难做。所以武帝要借助公议弹压田蚡。如果是大家的意见，太后就不好再说什么了。但是最后的结果完全相反，这场辩论再一次证明了田蚡的势力极大，大部分人都站在田蚡这边。武帝冲着郑当时破口大骂："平时说人家长说人家短，真到了关键时候，局促得像那个车下头的马，干脆连你们一块斩了！"

即罢起入，上食太后。太后亦已使人候伺，具以告太后。太后怒，不食，曰："今我在也，而人皆藉吾弟，令我百岁后，皆鱼肉之矣。且帝宁能为石人邪！此特帝在，即录录，设百岁后，是属宁有可信者乎？"上谢曰："俱宗室外家，故廷辩之。不然，此一狱吏所决耳。"是时郎中令石建为上分别言两人事。

武帝来到太后身边，辩论的细节太后已经全知道了。太后生气啊。太后说："我还活着呢，这些人就敢这么欺负我弟弟。有一天我死了呢？他们还不得欺负死他！"武帝不敢说什么，只好解释："因为这是亲戚之间的事，所以才廷辩，要换了是别人，一个狱吏就解决了。"

武安已罢朝，出止车门，召韩御史大夫载，怒曰："与长孺共一老秃翁，何为首鼠两端？"韩御史良久谓丞相曰："君何不自喜？夫魏其毁君，君当免冠解印绶归，曰：'臣以肺腑幸得待罪，固非其任，魏其言皆是'。如此，上必多君有让，不废君。魏其必内愧，杜门齰舌自杀。今人毁君，君亦毁人，譬如贾竖女子争言，何其无大体也！"武安谢罪曰："争时急，不知出此。"

田蚡出来以后怪韩安国犹犹豫豫，不帮自己。韩安国说："你想啊，窦婴要是赢了，你乖乖地承认，说自己确实有罪，皇上会怎么想？皇上一定会赞赏你肯退让，而且不会免你的官。窦婴在家里会羞愧得一句话说不出来。今天你诋毁他，他又诋毁你，好像市场上两个小贩吵架，多不体面啊！"田蚡说："当时太着急了，没想到这一层。"

四

于是上使御史簿责魏其所言灌夫，颇不雠，欺谩。劾系都司空。

武帝又派御史核查窦婴说的话。御史发现窦婴的证词和很多事实都对不上，认为窦婴犯了欺君的罪。于是窦婴也被抓起来了。

孝景时，魏其常受遗诏，曰“事有不便，以便宜论上”。及系，灌夫罪至族，事日急，诸公莫敢复明言于上。魏其乃使昆弟子上书言之，幸得复召见。书奏上，而案尚书大行无遗诏。诏书独藏魏其家，家丞封。乃劾魏其矫先帝诏，罪当弃市。

景帝时，窦婴曾经受了一道密诏：“如果事情不方便，可以单独向皇帝说明情况。”但是事情危急，没人敢再向武帝提这件事。于是窦婴找家里的后辈向武帝上书陈情。但是当武帝让人从档案库里找这份密诏的时候，却没有找到。这份密诏只在窦婴家里有一份，但被认为是窦婴伪造的，于是窦婴被判了死罪。

五年十月，悉论灌夫及家属。魏其良久乃闻，闻即恚，病痱，不食欲死。或闻上无意杀魏其，魏其复食，治病，议定不死矣。乃有蜚语为恶言闻上，故以十二月晦论弃市渭城。

十月，灌夫和家人被处决。窦婴过了很久知道这个消息，急火攻心，中风了。窦婴悲痛欲绝，一口饭也不吃。过了一阵，他听说武帝无意杀他，于是慢慢开始吃饭，以为自己能保住这条命。但很快，武帝跟前又充满了流言蜚语，这些话无不指向窦婴。在十二月的最后一天，窦婴被斩首。

其春，武安侯病，专呼服谢罪。使巫视鬼者视之，见魏其、灌夫共守，欲杀之。竟死。

除掉了自己的两个敌人，田蚡并没有轻松。到了春天，田蚡每天在家里大喊大叫，嘴里说着谢罪的话。家人找会巫术的人来看。那人看见田蚡身边有两个鬼魂，一个是窦婴，一个是灌夫。两个人守在田蚡身边，要把田蚡杀死。几天之后，田蚡也离开了这个世界。这件事本身并不可信，但可以看出司马迁的态度。司马迁觉得，田蚡该死，而且一定是被厉鬼缠身而死。

子恬嗣。元朔三年，武安侯坐衣襜褕入宫，不敬。

淮南王安谋反觉，治。王前朝，武安侯为太尉，时迎王至霸上，谓王曰："上未有太子，大王最贤，高祖孙，即宫车晏驾，非大王立当谁哉！"淮南王大喜，厚遗金财物。上自魏其时不直武安，特为太后故耳。及闻淮南王金事，上曰："使武安侯在者，族矣。"

田蚡的儿子田恬继承了爵位，但因为不敬的罪，又被削去爵位。司马迁在最后补了一笔，这一笔也为我们把之前的谜底揭开了。淮南王刘安谋反的事被发觉后，朝廷派人追查他之前的一些事。之前刘安来朝见的时候，田蚡还是太尉。田蚡亲自去迎接刘安，并且对刘安说："现在皇上没有太子，将来有一天皇上去世，除了你，还有谁能继承皇位？"刘安听了高兴极了，给了田蚡不少财物。这就是灌夫攥在手里的把柄。这是大逆不道之罪，一旦让武帝知道了，田蚡必死无疑。但可惜的是，灌夫直到死，都没有机会说出这个秘密。后来武帝听说了这件事，说："要是田蚡还活着，就该被灭族了！"

太史公曰：魏其、武安皆以外戚重，灌夫用一时决策而名显。魏其之举以吴楚，武安之贵在日月之际。然魏其诚不知时变，灌夫无术而不逊，两人相翼，乃成祸乱。武安负贵而好权，杯酒责望，陷彼两贤。呜呼哀哉！迁怒及人，命亦不延。众庶不载，竟被恶言。呜呼哀哉！祸所从来矣。

司马迁最后评价了这三个人不同的命运。对田蚡，司马迁深恶痛绝，大加贬斥。第一，虽然都是外戚，但是“武安之贵在日月之际”，完全是沾了新旧皇帝交替的光，靠着王太后的力量得以显贵。第二，“武安负贵而好权”，因为一杯酒，就害死两个人，是彻头彻尾的小人。对灌夫，司马迁肯定他的勇，“用一时决筴而名显”，但是司马迁觉得他“无术而不逊”，评价好坏参半。对窦婴，司马迁觉得可惜。窦婴虽然也是外戚，但是有能力、有品行，靠平定吴楚之乱而显名。但是“不知时变”，不懂怎么处理人际关系，不知道权力不会永远停留在一个人手里，忍受不了失意的落寞，最终和灌夫结交，结果酿成大祸。

有时候觉得人的命运真的很奇妙。要知道，司马迁写的是历史，是真实发生过的事情。但在我们看来，这好像一出精彩的戏剧。人世间可能就是这样，你方唱罢我登场。芸芸众生，不过是命运这出戏剧中的演员。

参考文献

1. 司马迁.史记[M].裴骃集解,司马贞索引,张守节正义.北京:中华书局,2014.
2. 泷川资言考证.史记会注考证[M].杨海峥整理.上海:上海古籍出版社,2015.
3. 班固.汉书[M].北京:中华书局,2012.
4. 司马光.资治通鉴[M].胡三省音注.北京:中华书局,2013.
5. 王夫之.读通鉴论[M].舒士彦点校.北京:中华书局,2013.
6. 王鸣盛.十七史商榷[M].黄曙辉点校.北京:中华书局,2016.
7. 梁玉绳.史记志疑[M].北京:中华书局,1981.
8. 吴见思编撰.史记论文[M].刘彦青整理.西安:陕西师范大学出版社,2024.
9. 李晚芳编纂.读史管见[M].赵前明,凌朝栋整理.北京:商务印书馆,2016.
10. 王又朴编选.史记七篇读法[M].凌朝栋整理.北京:商务印书馆,2013.
11. 芳本铁三郎纂评.史记十传纂评[M].丁德科编校.北京:商务印书馆,2016.
12. 姚苧田选评.史记菁华录[M].王兴康,周旻佳点校,谷玉注释.上海:上海古籍出版社,2007.

13. 牛运震撰.史记评注[M].魏耕原,张亚玲整理.西安:三秦出版社,2011.
14. 王伯祥选注.史记选[M].北京:人民文学出版社,1982.
15. 韩兆琦编著.史记笺证[M].南昌:江西人民出版社,2004.
16. 阮芝生.史记的读法[M].石家庄:花山文艺出版社,2022.
17. 陈正宏.血缘:《史记》的世家[M].北京:中华书局,2021.
18. 吕世浩.秦始皇:诈与力的极致[M].南宁:接力出版社,2016.
19. 杨照.史记的读法:司马迁的历史世界[M].桂林:广西师大出版社,2019.
20. 王立群.王立群读《史记》之秦始皇[M].桂林:广西师大出版社,2008.
21. 杨宽.战国史[M].上海:上海人民出版社,2016.
22. 杨宽.战国史料编年辑证[M].上海:上海人民出版社,2016.
23. 杨梅.在文章细节与历史深处考量——解读《廉颇蔺相如列传》中的几个问题[J].中学语文教学参考,2018,(25).
24. 林聪舜.从《廉颇蔺相如列传》看秦赵大战前的外交角力与士气攻防战[J].信阳师范学院学报(哲学社会科学版),2011,31(6).
25. 李飞,费晓健.再论鸿门宴的座次——今本《说苑》勘误一则[J].绥化学院学报,2011,31(2).